El camino más fácil para vivir

Título original: EL CAMINO MÁS FÁCIL PARA VIVIR
Diseño de portada: Editorial Sirio, S.A.

©   de la edición original
    2010, Mabel Katz

©   de la presente edición
    EDITORIAL SIRIO, S.A.
    C/ Rosa de los Vientos, 64
    Pol. Ind. El Viso
    29006-Málaga
    España

www.editorialsirio.com
sirio@editorialsirio.com

I.S.B.N.: 978-84-17030-74-2
Depósito Legal: MA-997-2018

Impreso en Imagraf Impresores, S. A.
c/ Nabucco, 14 D - Pol. Alameda
29006 - Málaga

Impreso en España

Puedes seguirnos en Facebook, Twitter, YouTube e Instagram.

Mabel Katz

El camino más fácil para vivir

*Suelta el pasado,
vive el presente
y cambia tu vida
para siempre*

EDITORIAL
SIRIO

DEDICATORIA

*Le dedico este libro a todos los
que buscan la felicidad, la paz y
el camino más fácil para vivir.*

ÍNDICE

RECONOCIMIENTOS

Deseo expresar mi gratitud:

A Dios, por todas las bendiciones que me ha otorgado y por la abundante confianza que deposita en mí en los viajes que realizo para compartir las inspiraciones y las respuestas que Él pone en mi corazón.

A mi madre, que siempre ha estado presente con su amor y su apoyo más allá de todo.

A mis dos maravillos hijos Jonathan y Lyonel, por su amor, apoyo y comprensión. Gracias a ambos por ser parte de mi vida y de mi misión.

A Yael Baruch, por su aliento y el empujón que necesitaba para finalmente decidirme a encontrar el momento y la inspiración para escribir este libro.

Al doctor Ihaleakalá Hew Len, porque todo lo que he aprendido de él me ha brindado fortaleza espiritual y gran crecimiento. Hoy soy mejor persona y me considero bendecida gracias a su influencia en mi camino.

A Morrnah Simeona, por sus enseñanzas y su inspiración.

A mis entregadas editoras y amigas, Mirta J. Atlas, Deborah Barnet y Diana Valori, por creer en mí y en este libro y por las muchas horas de dedicación y apoyo.

A mis estudiantes en el mundo entero y sus maravillosos testimonios, que me dieron la convicción que necesito para continuar este trabajo y la confianza y la fortaleza para seguir adelante.

Gracias. Muchas gracias.

PREFACIO

En este libro, Mabel (Kikiko'ele) comparte sus conocimientos y su propia experiencia para indicarnos *el camino más fácil para vivir*. Al disfrutar de sus páginas aprendí lo siguiente:

1. Fui CREADO POR DIOS, por el Amor Divino y a su exacta semejanza, *puro de corazón*.
2. Mi ÚNICO PROPÓSITO en la vida es ser yo mismo, *puro de corazón*.
3. Mi ÚNICA TAREA en la vida es soltar las memorias (programas) que repiten los problemas pasados en mi subconsciente y no me permiten ser yo mismo, *puro de corazón*.

4. Mediante el uso del antiguo proceso de resolución de problemas de Ho'oponopono, puedo solicitarle a la Divinidad que me restaure a mi estado original de *corazón puro* liberándome de mis memorias hasta llegar a cero.

5. Soy cien por cien RESPONSABLE de la creación de las memorias almacenadas en mi mente subconsciente, las cuales vuelvo a vivir en forma de problemas.

6. En cada momento tengo la OPCIÓN de restaurar mi estado original, *puro de corazón*, aplicando sin cesar y en todo momento el antiguo proceso de resolución de problemas de Ho'oponopono.

7. No existe ningún problema fuera de mí. Mis problemas existen solo dentro de mí, en forma de MEMORIAS QUE SE REPITEN en mi mente subconsciente.

El único propósito de nuestra existencia es restaurar nuestro estado original de *corazón puro* liberándonos de las memorias (programas) que repiten los problemas de nuestro pasado en nuestra mente subconsciente.

«Ama a tus enemigos», dijo un gran sabio hace más de dos mil años. Nuestros enemigos son nuestras memorias que repiten el temor, la ira, el resentimiento, el odio, los apegos y los juicios de nuestro pasado. Podemos aceptar el cien por cien de la responsabilidad de su creación aplicando las sencillas y antiquísimas herramientas para la resolución de problemas de Ho'oponopono, tales como «Te amo» y «Gracias».

Recomiendo con entusiasmo *El camino más fácil para vivir* de Mabel Katz.

La Paz del Yo,
Dr. Ihaleakalá Hew Len

INTRODUCCIÓN

Después de impartir mis primeras clases en Israel en junio de 2009, Yael, mi editora en ese país, se me acercó y me dijo: «Mabel, tu libro *El camino más fácil* es excelente, pero debes escribir otro. Ese libro refleja la Mabel de 2003, no la Mabel de hoy. Has recorrido un largo camino y ahora tienes mucho más para compartir con los demás».

Realmente, disfruto mucho compartiendo y ayudando a cambiar las cosas para mejor, así que lo consideré apenas un momento y dije: *Sí*.

En realidad, hacía muchos años que venía pensando en escribir este libro, pero lo postergaba una y otra vez.

Más o menos en la misma época, recibí numerosos mensajes desde diferentes partes del mundo que me decían: «Debes sentarte y escribirlo tú misma, como hiciste con tu primer libro, dejándote llevar por la inspiración pura». En otras palabras, no podía simplemente grabar mis charlas y pedirle a alguien que las transcribiera, ni contratar a un escritor, porque la inspiración debía venir de mí.

Pues bien, lo cierto es que, una vez que me decidí a hacerlo, recibí una enorme cantidad de inspiración. Esa maravillosa inspiración y la gran variedad de experiencias vividas durante el proceso me ayudaron a volverme más presente y consciente y permitieron que por fin se hiciera realidad este segundo libro.

Quisiera comenzar compartiendo algo personal: cuando mis hijos eran pequeños, siempre les decía que su único deber era ser felices, porque la gente feliz «es afortunada». Creo que, en realidad, en aquel momento no entendía del todo lo que estaba diciendo. Tal vez ahora pueda explicarlo mejor.

Cuando eres feliz, eres afortunado porque te conviertes en un canal abierto y, desde este lugar, permites que te guíe el amor que te ha creado y que te conoce mejor que nadie. La danza del Universo siempre te pone en el lugar correcto en el momento apropiado, cuando abres la puerta y das permiso.

Cuando crees en ti mismo y aceptas la vida tal como es, cuando te das cuenta de que cada problema en tu vida es un paso hacia tu libertad —y ya no necesitas tener razón ni la última palabra— automáticamente, te sientes más liviano y feliz.

Tener buena suerte significa estar en el lugar correcto, en el momento apropiado y con la gente adecuada. En general, tienes suerte si logras dejar de ser un obstáculo en tu propio camino. A medida que vas deteniendo la interminable cascada de pensamientos en tu mente y abres tu corazón, vas permitiendo que te lleguen los milagros.

Lo único que necesitas es confiar en tu corazón.

Las claves secretas para encontrar felicidad, alegría, paz interior y libertad están ocultas en él.

Los conceptos y mensajes que contiene este libro son simples recordatorios de que solo tú puedes cambiar tu vida. No hay nadie fuera de ti que te esté haciendo nada y tú eres responsable —no culpable— de las personas y situaciones que atraes a tu vida.

Este libro busca recordarte que la luz y el amor que tanto anhelas están detrás de cada desafío de tu vida y, cuantos más desafíos enfrentes, más bendiciones recibirás.

Nuestros ancestros sabían que las soluciones de sus problemas solo podían venir de los cielos y, por eso, se dejaban llevar por la confianza y la fe, lo cual les permitía ver y experimentar milagros sorprendentes. Ellos sabían que los milagros aparecían cada vez que dejaban de tratar de controlar la realidad con el pensamiento y daban permiso para que se presentara la solución perfecta, aunque no supieran de dónde llegaría esa solución.

Este libro contiene una serie de capítulos que abordan distintos temas, cuyo principal objetivo es ayudarte a permanecer más consciente. Estas son algunas de las ideas fundamentales que quiero transmitiros:

- No hay nadie afuera. Solo existís tú y tus pensamientos.
- Eres cien por cien responsable, no culpable.
- Cuando una puerta se cierra, se abre otra automáticamente.
- La luz se oculta detrás de cada desafío en tu vida.
- Solo tú puedes liberarte ¡en especial, de ti mismo!
- Cuanto mayor es la oposición, mayores son las bendiciones.
- Cuando tú cambias, todo cambia.
- La paz comienza contigo.

En 2003 escribí *El camino más fácil* porque sentía la necesidad de compartir el secreto de mis descubrimientos, las cosas que habían cambiado mi vida. Necesitaba compartir la siguiente verdad con todo el mundo: todos tenemos el poder de cambiar nuestras vidas sin depender de nadie, sin depender de ninguna circunstancia o fuerza externa.

Y ahora, mi pasión y mi misión son despertarte para que puedas cambiar tu vida y encontrar la paz, la felicidad y la libertad que yo he encontrado y sé que tú estás buscando.

Tuve la oportunidad de ver cómo estos conceptos cambiaron la vida de muchísimas personas y llegué a estar tan segura de lo que había descubierto que renuncié a mi muy lucrativa carrera de contadora* pública para viajar por el mundo y compartir este mensaje.

Para algunos de vosotros, este libro tal vez sea un recordatorio. Para otros, será una confirmación. Sea como sea, estoy absolutamente segura de que encontrarás tus respuestas si estás dispuesto a mantener el corazón abierto, ser flexible y renunciar a esa parte de ti que cree saberlo todo. Pero no olvides que, a veces, la mente es capaz de cualquier cosa para tener razón. Mi pregunta para ti es: ¿Qué prefieres: tener razón o ser feliz?

Si hay algo en tu vida que no está funcionando como te gustaría, si no eres feliz o no tienes paz, voy a pedirte, simplemente, que envíes a tu intelecto de paseo y leas este libro con tu corazón.

Espero sinceramente que elijas *El camino más fácil para vivir*.

---

* Contable.

Capítulo 1

ERES PERFECTO

¿Quién soy? Esa es la pregunta
más importante y la mayoría de
nosotros no tiene ni la menor idea
de lo simple que es su respuesta.

E s esencial recordar que todos venimos del Vacío y que la Luz Perfecta nos creó *Perfectos*, ya que algo perfecto no puede crear algo imperfecto. Perfecto significa libre de opiniones, creencias y juicios.

¡Somos perfectos! Sin embargo, los pensamientos, creencias, opiniones y juicios son imperfectos. A lo largo de nuestras vidas, la sociedad y nuestras experiencias instalan en nuestra conciencia estos programas, estas bases de datos confusas y restrictivas.

Cuando nos damos cuenta de que no somos nuestras memorias (programas), podemos comenzar a observar sin apegarnos al resultado y regresar a nuestro estado de perfección original.

Simplemente, observa tu respuesta a la gente y a las situaciones sin engancharte ni reaccionar. A medida que perfecciones este proceso, te volverás más consciente de tus pensamientos, opiniones y juicios, y lograrás distanciarte de ellos y permanecer en paz en todas las situaciones. Te liberarás cuando te vuelvas capaz de observar sin etiquetar la situación como buena o mala.

Lamentablemente, nuestra manera normal de funcionar es esperar a que aparezcan ciertas situaciones antes de decidir, actuar o sentir. *Mutamos* de acuerdo con las circunstancias externas y creemos que esto es lo que somos. Así es como permitimos que las posesiones, los acontecimientos y la información del exterior definan nuestra identidad.

Para poder recuperar nuestra conexión con lo Divino y la paz interior debemos regresar a nuestra verdadera esencia y saber, en nuestro corazón, que ya lo tenemos todo. Esto nos permite ser nosotros mismos y comenzar a existir en una realidad de confianza e inspiración, la cual, a su vez, nos trae todo lo que es perfecto para nosotros a cada momento.

En casi todos los casos recibirás más de lo que esperas cuando dejes de definirte según tus circunstancias externas. Una vez que regreses a tu verdadera esencia, la gente te valorará más ya que tú te valoras a ti mismo. Los demás te brindarán reconocimiento por tu amor, respeto y confianza en ti mismo. Este respeto no tendrá nada que ver con tus títulos profesionales o tus posesiones, sino que estará completamente basado en TI. Es un proceso simple y natural. En el momento en que comiences a liberarte, notarás que no es necesario decir demasiado para que la gente comience a preguntar: «¿Qué te has hecho? ¿Qué has estado haciendo? ¡Estás diferente, más joven!».

Marianne Williamson ha dicho:

Nuestro temor más profundo no es ser ineptos, incompetentes o defectuosos. Nuestro temor más profundo es ser inconmensurablemente poderosos. Es nuestra luz, no nuestra oscuridad lo que más nos asusta. Nos preguntamos: ¿Quién soy yo para ser brillante, bello, talentoso y fabuloso? En realidad ¿quién eres para no serlo? Eres hijo de Dios. Tu humildad no le sirve al mundo. No tiene nada de iluminado reducirte para que los demás no se sientan inseguros a tu lado. Todos fuimos puestos aquí para brillar, como los niños. Nacimos para manifestar la gloria de Dios que mora en nuestro interior. No solo en el de algunos; en el de todo el mundo . Y, a medida que permitimos que brille nuestra luz, inconscientemente, damos permiso a los demás para que hagan lo mismo. A medida que nos liberamos del propio temor, nuestra presencia libera automáticamente a los demás.

Cuando eres tú mismo, permites a los demás que sean ellos mismos en tu presencia.

Tal vez sea difícil al principio, pero una vez que hayas tenido esta experiencia de conciencia: la vivencia de estar en cero —libre de opiniones, juicios y expectativas—, querrás regresar a ella lo más frecuentemente posible, aunque sea, por un breve segundo. Y cuanto más practiques, más fácil te resultará permanecer consciente. Tal vez permanezcas consciente por un período corto porque pronto comenzará a repetirse algún dato almacenado, dándote una nueva oportunidad para practicar la conciencia y volver a ser tú mismo.

Más y más te sentirás libre, como un niño que observa todo y admira las maravillas de la vida. Te volverás *puro de corazón*. Y, llegado el momento, te requerirá menos esfuerzo regresar a la vida consciente que seguir en la inconsciencia. Ser consciente y ser uno mismo es fácil. Es un proceso natural y, una vez que comiences a practicarlo, recordarás la sensación en tu corazón y en tu cuerpo. Esta regresará cada vez con mayor frecuencia. Este estado de paz y verdadera alegría se logra momento a momento, dejando ir todo lo que no forma parte de tu verdadera esencia.

Recuerda: la seguridad y la felicidad que buscas no están en tus posesiones materiales, tus títulos o tus relaciones personales. Están mucho más cerca de lo que crees.

Absolutamente nada de lo que hay en el mundo exterior puede hacerte sentir completo o perfecto. Todo lo que encuentras en el exterior y que tal vez consideres necesario en este momento solo te brinda una emoción pasajera. Es un apego y lo más probable es que, tarde o temprano, desaparezca y sufras (o deje de ser interesante para ti).

Libérate. Date cuenta de que ya tienes todo lo que necesitas y no precisas nada más. Entrégate y permite que la parte de ti que posee la sabiduría te guíe y te proteja. Regresa a tu identidad perfecta y encontrarás el Reino de Dios y todo lo que necesitas. ¿Dónde? ¡En tu interior!

Si deseas comentar algo sobre el capítulo que acabas de leer o sobre cualquiera de los siguientes, visita:

http://www.hooponoponoway.net/elcaminomasfacilparavivir

y haz las preguntas que tengas o comparte tus impresiones con nosotros. También puedes encontrarme en:

https://www.facebook.com/MabelKatzFanPage

Mabel Katz

Capítulo 2

LAS MEMORIAS

*La información controla al mundo
y también nos controla a nosotros.*

M i maestro, el doctor Ihaleakalá Hew Len, dice que venimos con todo incluido. ¿Sabes lo que quiere decir con esto? Quiere decir que, cuando nacemos, venimos cargados con un banco de datos —memorias— de nuestro pasado, heredado de nuestros ancestros. Por lo tanto, objetos, personas y situaciones nunca son lo que pensamos que son. Cuando estás discutiendo por algo que está pasando en el presente, debes recordar que la situación a la que te enfrentas tan solo es una manifestación de tus memorias que se repiten.

Permíteme darte un ejemplo: cuando vas al cine, sabes que la película no está en la pantalla. En realidad, está en la parte de atrás de la sala, en el proyector. Pues en la vida es igual. Las personas y las situaciones son como pantallas y, aparentemente, nos encanta hablar con las pantallas. Somos expertos en esa materia. Tratamos de convencer a la pantalla de que tenemos razón. Deseamos que la pantalla cambie, pero ella no puede hacer nada. Las pantallas no cambian. Si deseamos que cambie lo que se proyecta en nuestra pantalla, debemos cambiar nosotros. La película está en nuestro interior. Nosotros somos el proyector.

¿Por qué se reproducen las memorias? Estas aparecen para darnos la oportunidad de aceptar el cien por cien de la responsabilidad y soltar. Cuando soltamos, le damos permiso a la Divinidad (Dios) para borrar los programas y nos liberamos. De hecho, lo que llamamos problemas son oportunidades. La vida se nos otorga como oportunidad de crecer y descubrir quiénes somos en realidad, porque hemos olvidado nuestra verdadera identidad, para qué estamos aquí y qué vinimos a hacer. Vinimos a esta vida a recordar quiénes somos y a corregir nuestros errores. Sí, venimos para corregir errores. Eso es exactamente lo que hace el Ho'oponopono, un arte hawaiano muy antiguo para la resolución de problemas.

Enmendamos nuestros errores aceptando el cien por cien de la responsabilidad y diciendo: «Lo siento, por favor, perdóname por lo que sea que esté en mí que creó o atrajo esto a mi vida».

Quisiera dejar claro que la responsabilidad no tiene nada que ver con la culpa. No estoy sugiriendo que somos culpables. Digo que somos responsables. Sí, atraemos todo lo que ocurre y se presenta en nuestra vida.

Nos pasamos la vida tratando de descubrir nuestro propósito. Pues bien, tengo novedades para ti: tu propósito es limpiar (Ho'oponopono) y soltar todo lo que no esté directamente relacionado con tu esencia. Tú no eres tus memorias; estás más allá de ellas, pero sí eres responsable de reparar y aclarar tus asuntos. Como hubiese dicho Shakespeare: «¡Este es un gran escenario y todos somos grandes actores!».

Imagino que estarás tratando de analizar todo esto, pero no hay nada que necesites saber o entender. Considéralo. Cuando usas tu computadora y trabajas con un programa ¿tienes idea de cuántos otros programas están funcionando al mismo tiempo? De todas maneras, no necesitas saber ni entender todo lo que está pasando para poder usarla. Lo único que necesitas saber es que existen programas y que están funcionando. En tu realidad, tal vez no entiendas por qué o de dónde vienen las cosas ni por qué aparecen ciertas situaciones en tu vida. Y no es necesario que lo sepas. Tu único deber es soltar.

Por ejemplo, cuando te relacionas con otra persona, lo que ocurre —o lo que surge— no tiene nada que ver contigo ni con la otra persona. Son solo memorias. No es necesario hablar, analizar el asunto ni ganarle la partida a nadie. Recuerda, cuando miras a la otra persona o al problema, en realidad no los estás viendo. Solo ves las memorias de esa persona o de ese problema. Siempre vemos la realidad a través de una pantalla de humo y jamás vemos con claridad. Todo está teñido por nuestras memorias, nuestros juicios y creencias, lo que consideramos correcto o como pensamos que deberían ser las cosas.

Nuestro único deber es soltar. Cuando lo hacemos, lo que se borra en nosotros se borra en la otra persona o en la situación. Entonces, la gente y las situaciones cambian, pero no son realmente ellas las que cambian. Nosotros cambiamos.

A medida que sueltes tus memorias asociadas a las personas que forman parte de tu vida, comenzarás a verlas de una manera diferente. Así que, la próxima vez que aparezca un problema en tu vida, asegúrate de considerarlo una bendición, una oportunidad de soltar algo, corregir un error y liberarte. En este momento eres un esclavo. Posiblemente creas que eres libre, pero eres un esclavo de tus programas, porque ellos te dicen lo que es bueno y malo, lo que es correcto e incorrecto. El intelecto lo etiqueta todo, pero no existe lo correcto y lo incorrecto. La mente cree que sabe, pero no sabe nada. La única función del intelecto es elegir entre soltar y engancharse, soltar o tener la última palabra.

Ser o no ser, esa es realmente la cuestión.

Capítulo 3

EL PROCESO DE BORRAR

Muy frecuentemente se dice que, para crecer espiritualmente, debemos soltar ciertas cosas, pero este puede ser un proceso atemorizante. En este libro, específicamente menciono que debemos limpiar y *borrar* nuestros programas para poder alcanzar la verdadera alegría y paz interior.

Muchas veces, durante mis talleres y clases, la gente me hace preguntas tales como: «¿Qué pasa si no deseo borrar esta memoria? ¿Qué pasa si es una buena memoria y no quiero soltarla? ¿Qué sucederá si borro? Tal vez acabe solo. ¿Cómo sobreviviré?». Muchas personas tienen miedo de soltar.

¡No desesperes! En primer lugar, déjame explicarte que tienes MUCHAS memorias que necesitan limpiarse y borrarse. En segundo lugar, al borrar los programas que no funcionan en tu vida, se abrirán otras puertas que te traerán nuevas oportunidades, y se acercarán a ti precisamente aquellos que pueden ayudarte y apoyarte en este proceso de limpieza y, por ende, de descubrimiento de tu auténtico ser.

Gracias a Dios, tú no eres el encargado de decidir qué memorias se borran. Tu única tarea es dar permiso. Una vez que decidas aceptar el cien por cien de la responsabilidad por haber atraído o creado ciertas situaciones o personas a tu vida, esa parte tuya que es sabia, que te creó y te conoce mejor que nadie —la que algunos de nosotros llamamos Dios— sabrá qué memorias estás listo para soltar.

Suelo escuchar la siguiente pregunta: «¿Por qué no podemos soltar todas las memorias al mismo tiempo? Podríamos decir simplemente: «De acuerdo. Ya sé. Entiendo que soy cien por cien responsable. Estoy dispuesto a decir: "Lo siento. Por favor perdóname por lo que sea que esté dentro de mí que ha creado esto". ¡Ahora, por favor, elimínalas todas!».

Pues, no es tan simple. Es importante entender que nuestros cuerpos también están formados por memorias y, si Dios eliminara todas nuestras memorias al mismo tiempo, nuestros cuerpos no podrían resistirlo. Mi maestro, el doctor Ihaleakalá Hew Len, dice que si sucediera esto, nuestros cuerpos se volverían como pasas de uva. Por suerte, la parte de nuestro ser que es perfecta sabe exactamente qué estamos listos para soltar y borrará esas memorias por nosotros. ¿No es maravilloso saber que ni siquiera es necesario entender qué estás soltando?

Sí, todo tiene que ver con nuestras memorias. Todo lo que surge en tu vida es generado por un programa que se repite. Es posible que, en una circunstancia dada, creas que estás procesando o superando espiritualmente algo relacionado con una persona específica, la casa o el dinero, pero en realidad, nunca sabemos qué estamos limpiando. Solo Dios lo sabe.

Esta es otra pregunta habitual sobre la limpieza: «¿Es necesario que crea en Dios para que esto funcione?». La respuesta es NO. No es necesario creer en Dios. El proceso funciona de todos modos, para todo el mundo. Nuestra tarea es dar permiso. No es necesario que sepas o entiendas lo que pasa después de dar permiso. Solo es necesario que confíes.

Tal vez, también te preguntes: «¿Es necesario que lo diga de verdad? ¿Debo sentirlo?». Permíteme hacerte unas preguntas: Cuando oprimes la tecla de borrar en el teclado de tu computadora ¿lo haces de verdad? Cuando lo haces ¿realmente debes sentir algo? O, mejor aún, ¿sonríes mientras lo haces? ¿Sientes compasión? No. No es necesario que lo digas de verdad o lo sientas y ni siquiera es necesario que entiendas lo que ocurre después de oprimir la tecla de borrar. ¿Alguna vez has tratado de entender cómo se descarga un programa en tu computadora? El proceso funciona aunque tú no lo entiendas. Del mismo modo, no es necesario entender el proceso de soltar. Solo hay que oprimir la tecla usando herramientas tales como repetir: *Gracias, Te amo* o *Lo siento, por favor, perdóname por lo que sea que hay en mí que haya creado esta situación*. Todo lo que ocurre después es automático.

En Ho'oponopono siempre decimos: *Simplemente hazlo. Dilo*.

Aceptar el cien por cien de la responsabilidad por las memorias o programas que no funcionan en tu vida, para soltarlos, te permitirá atraer las cosas correctas en el momento apropiado. Como el intelecto jamás lo comprenderá, lo único que necesitas es saber en tu corazón que, cuando permites que esto suceda, cuando das permiso, cuando solicitas ayuda, la ayuda SIEMPRE llega. Debes estar dispuesto a confiar y saber con certeza en tu corazón que la transmutación —algo que solo puede hacer Dios— se producirá cada vez que des permiso. ¡Cada vez! ¡Garantizado!

Capítulo 4

EL PODER DE LA GRATITUD

La gratitud es inmensamente importante. ¡Hay tanto que agradecer! ¿Eres capaz de leer? ¿Puedes sostener este libro y pasar las páginas? Si estás leyendo este texto, entonces puedes ver. Estás respirando. Te despertaste esta mañana y viste la luz del sol, escuchaste los sonidos de la mañana y sentiste el aroma del aire. Cada momento que tenemos en esta Tierra está lleno de oportunidades. Es un verdadero regalo. ¡Gracias, Dios!

A veces no nos damos cuenta de lo afortunados que somos. Por favor, detente un momento y mira el cielo, un árbol o la sonrisa en el rostro de un niño. Disfruta del aroma de las rosas. Llegarán mayores bendiciones a tu vida cuando comiences a valorar la belleza que hay a tu alrededor. La clave es concentrarte en lo que tienes.

Todos tendemos a olvidar el inmenso poder de la gratitud y damos todo por sentado, porque estamos demasiado ocupados concentrándonos en lo que no tenemos en vez de agradecer lo que sí tenemos. ¡Entiende esto y agradece el hecho de ser libre!

En Ho'oponopono, utilizamos el *Gracias* como herramienta de limpieza. La idea es que, cada vez que decimos *Gracias*, aceptamos el cien por cien de la responsabilidad, soltamos y le damos permiso al Universo para que nos traiga todas las bendiciones que merecemos. Cuando repetimos *Gracias*, borramos, limpiamos y soltamos las memorias que ya no nos sirven. Permitimos que la inspiración ingrese en nuestra vida y nos traiga ideas y soluciones perfectas para nuestros problemas. Así es. ¿Sabías que a veces basta con decir *Gracias* para recibir lo que estás buscando? A menudo nos damos por vencidos justo antes de que ocurra algo importante.

Es mucho más fácil sentirse agradecido cuando nos liberamos de nuestras expectativas y nos entregamos a la corriente de la vida. Frecuentemente, no sentimos gratitud porque creamos expectativas para todo, incluso para el proceso de la limpieza espiritual misma. En este caso, como creemos saber lo que más nos conviene, pensamos que sabemos cómo debe funcionar la limpieza. Creemos que sabemos cuándo y cómo deben pasar las cosas. Luego, nos enojamos y cerramos el corazón cuando la realidad no refleja nuestras expectativas y, a medida que vamos haciendo esto, nos volvemos completamente incapaces de apreciar las maravillas de la vida y sentirnos agradecidos por tener la oportunidad de vivirlas. Sin embargo, el secreto es mantenerse abierto, flexible y soltar las expectativas.

Es posible que te encuentres en situaciones difíciles y dolorosas, pero la verdad es que Dios jamás te da más de lo que puedes manejar y siempre está allí para apoyarte, no importa lo que estés viviendo. Lo que ocurre es que, de inmediato, emitimos un juicio de valor y le preguntamos al Universo: «¿Por qué yo?», en vez de decir: «Gracias, Dios, por confiar en mí y darme esta oportunidad».

La gratitud cambia nuestra vibración, nuestra energía. Cuando nos sincronizamos con el agradecimiento sincero, nos sentimos inmediatamente en paz y nos convertimos en imanes de cosas mejores. Al contrario, cuando pensamos negativamente, vemos solo los problemas y no las soluciones, atrayendo exactamente lo opuesto a lo deseado.

Decir *Gracias* es también una manera de soltar. El agradecimiento completa los ciclos y cierra sus puertas. Muchas veces, es necesario cerrar algunas puertas para permitir que se abran otras nuevas.

Las oportunidades están por todas partes; algunas están muy cerca, esperando que sueltes lo que tienes que soltar. Así que, agradece tan a menudo como puedas: mental y verbalmente. Funciona siempre. Como herramienta de limpieza, no es necesario que lo sientas o que le pongas intención.

Decir *Gracias* es como oprimir la tecla de borrar en tu computadora. Es como poner la otra mejilla, la mejilla del amor. Y de una cosa no cabe duda: el amor lo cura todo.

Capítulo 5

EL INTELECTO NO FUE CREADO PARA SABER

Estamos completamente confundidos: creemos que debemos llenar nuestro intelecto con conocimiento, pero el intelecto se nos otorgó para elegir entre pensar —y engancharnos— o soltar.

Estamos tan convencidos de que el propósito del intelecto es almacenar y entender información que basamos nuestro sentido de la identidad en esta idea. Por eso, nuestro intelecto trata de convertirse en algo que no es y nos presiona constantemente para que seamos en esta vida algo que no vinimos a ser.

Para poder romper este ciclo, debemos entender que somos sabios por naturaleza y que nuestra sabiduría no reside en el intelecto sino en el corazón. Nuestra creatividad tampoco está en nuestro intelecto. Ella es nuestro estado natural y aparece y funciona de maneras que no podemos explicar. En realidad, nuestras ideas y acciones pueden venir solo de la inspiración o de nuestras memorias.

Ahora bien, la inspiración solo puede presentarse cuando estamos vacíos y abiertos. No puede aparecer cuando estamos hablando, pensando o preocupándonos. Por eso, para alcanzar tu máximo potencial, debes volver a ser como un niño, el niño sabio que eres en realidad. Debes confiar en que recibirás guía y protección cuando detengas el pensamiento y la preocupación y te abras a todas las posibilidades. Es necesario regresar a las raíces, a la época anterior al momento en el que te volviste tan *educado* que olvidaste quién eres en realidad.

Lo cierto es que nos complicamos la existencia. Pensamos que sabemos mejor que nadie lo que más nos conviene y hacemos listas de lo que deseamos atraer, cuánto y cuándo, aunque, de hecho, no tenemos ni idea de lo que nos conviene, y además ¿para quién hacemos esas listas? Las hacemos para el Creador, que nos conoce mejor que nadie y sabe lo que necesitamos y cuándo lo necesitamos. Somos verdaderamente arrogantes.

Piensa en la naturaleza. Observa las flores, por ejemplo. Los seres humanos jamás seríamos capaces de crear tanta belleza. Debemos admitir la existencia de una inteligencia divina. Piensa en tu cuerpo. No necesitas pensar cómo respirar ni cómo hacer latir a tu corazón. Estamos rodeados de milagros divinos.

Hace mucho tiempo, mi maestro Ihaleakalá me contó la siguiente historia hawaiana sobre la creación: Cuando Dios creó la Tierra y puso allí a Adán y a Eva, les dijo que estaban en el Paraíso y que no tenían que preocuparse por nada. Dios dijo que les proporcionaría todo lo que necesitaran. También dijo que les daría un don: la oportunidad de elegir, de tomar sus propias decisiones, que les daría el regalo del *libre albedrío*. Y de ese modo, Dios creó el manzano. Les dijo: «Esto se llama *pensar*. No lo necesitáis . Yo puedo proporcionaros todo. No tenéis por qué preocuparos, pero podéis elegir seguirme o seguir vuestro propio camino (pensar)».

Quisiera aclarar que el problema no fue que se comieran la manzana. El problema fue no aceptar la responsabilidad y decir: «Lo siento». En cambio, cuando Dios les preguntó, Adán dijo: «Eva me hizo hacerlo». Y fue así que Adán tuvo que salir a buscar su primer empleo. Al igual que Adán, siempre estamos mordiendo la manzana. Siempre creemos que lo sabemos todo. No entendemos que hay otro camino, un camino más fácil.

Anthony De Mello lo explica con claridad:

Cuando tomas conciencia, te vuelves más sabio. Eso es lo que se puede considerar verdadero crecimiento personal. Comprende tu orgullo y este se vendrá abajo y se transformará en humildad. Comprende tu infelicidad y esta desaparecerá y dará paso a un estado de felicidad. Comprende tus temores, y estos se disolverán, y el estado resultante será el amor. Comprende tus apegos, y estos se desvanecerán, y la consecuencia será la libertad.

Regresa al milagro y la reverencia de tu niñez. Usa el intelecto para su verdadero propósito en vez de permitir que te vuelva loco. Una vez que abras el corazón y dejes de tratar de controlar la realidad, comenzarán a sucederte cosas maravillosas y recuperarás tu sentido de la alegría y tu libertad.

TODO COMIENZA CON UN PENSAMIENTO

Creamos con nuestros pensamientos. Todo lo que existe antes ha sido pensado; a cualquier manifestación en el mundo real siempre la precede el pensamiento. Alguien tuvo que pensar en escribir este libro antes de que apareciera y alguien tuvo que pensar que era posible caminar sobre la Luna antes de que realmente pudiera ocurrir.

Los pensamientos son extraordinariamente poderosos y, por desgracia, casi siempre se contaminan con nuestras creencias, emociones y apegos. Nuestros pensamientos no aparecen de la nada, libres de preconceptos, prejuicios, temores y juicios. Todo lo que pensamos está basado en nuestras memorias, nuestros programas. ¿Por qué ocurre esto?

De niños oímos y vemos ciertas cosas; y, basándonos en estas vivencias, tomamos ciertas decisiones a lo largo de nuestra vida. En un momento dado, comenzamos a creer que la realidad es de cierta manera y la materializamos. Quedamos atrapados en este ciclo perpetuo de reproducir lo que creemos. Como ya te habrás imaginado, esto genera una considerable cantidad de confusión y desdicha.

Estamos apegados a nuestras opiniones, pero no somos conscientes de los millones de creencias que tenemos y muchas de estas creencias son conflictivas.

Por si esto fuera poco, tenemos muchísimas memorias más que vienen del pasado (inclusive de otras vidas) y cumplen un papel muy importante en lo que decidimos y lo que atraemos a nuestra vida actual.

Solo se puede crear infaliblemente a través de la inspiración. Pero, para canalizar la inspiración —ideas perfectas y libres de prejuicios— debes estar en cero. Debes regresar al vacío del cual viniste. Cuando estás en cero, no hay pensamientos ni culpas y te conviertes en un canal abierto. Las cosas más asombrosas ocurren cuando estamos en ese estado. La inspiración trae nuevas ideas, nueva información, como en el caso del creador de Internet, que no sabe de dónde sacó la inspiración. Simplemente le vino. Cuando estás en cero, estás abierto a la energía del Universo. Permites que la inspiración te guíe e impulse y las ideas llegan sin obs-táculo. Cuando te encuentras en este lugar, estás orien-tado y protegido. En cero, todo es posible, todo puede ocurrir, y ese «todo» incluye los milagros.

Tal vez te preguntes: «¿Cómo sé de dónde vienen las ideas?». Pues bien, muchas veces no sabrás si te guían tus memorias o te guía la inspiración. Tu deber es, sim-plemente, continuar limpiando —soltando— y así, irás aumentando tus probabilidades de obtener ideas de la inspiración. Simplemente, limpia todo lo que puedas. Tal vez, de todos modos, sigas enganchándote y apegán-dote a las situaciones; la mayoría de nosotros lo hace pero ¡sigue limpiando! porque tu meta final es estar lo más abierto posible para recibir la inspiración momen-to a momento. Se abrirán muchas puertas a medida que lleguen a tu vida las oportunidades, pero si estás ocu-pado preocupándote, pensando, aguantando y queján-dote, no estarás sintonizado y... ¡te perderás estas opor-tunidades!

Es muy simple. Tomas decisiones las veinticuatro horas del día. Entender esta verdad es *El camino más fácil*, como el nombre de mi primer libro. Si estás dispuesto a aceptar el cien por cien de la responsabilidad, realmen-te ¡te liberarás!

Capítulo 7

VUELVE A SER UN NIÑO

De cierto os digo, que si no os volvéis y os hacéis como niños, no entraréis en el reino de los cielos. (Mateo 18:3-4)

Bienaventurados los limpios de corazón, porque ellos verán a Dios. (Mateo 5:8)

De niños conocíamos la verdad. Éramos realmente sabios. Vivíamos en el momento y jugábamos con abandono y alegría. Juzgábamos poco y todo lo que nos rodeaba nos parecía maravilloso. Nuestros corazones estaban abiertos y eran puros. Entendíamos que habíamos sido creados únicos y que había algo que podíamos hacer mejor que ninguna otra persona. Cualquiera fuera este don, lo disfrutábamos. Dibujábamos, corríamos, contábamos cuentos o cantábamos. Apreciábamos nuestros dones naturales.

Tristemente, nos enseñan muy temprano a mentir. Olvidamos nuestra sabiduría natural porque a los demás no les parece bien y no queremos ser diferentes. Los niños siempre desean pertenecer. Así, perfeccionamos el arte de fingir ser alguien que no somos y aprendemos a poner a los demás en primer lugar.

La sociedad nos enseña de inmediato que el amor que ofrece no es incondicional y, por eso, nos dedicamos a complacer a otros. Lo consideramos necesario para sobrevivir. Poco a poco, lo que piensan los demás se vuelve increíblemente importante y comenzamos a buscar la aceptación. Nos convertimos en expertos en compararnos con los demás y buscamos la perfección basada en parámetros externos que están más allá de nuestro control. Una vez que aprendemos estas lecciones, nos sentimos desdichados casi todo el tiempo.

A causa de esta programación intensamente negativa que asimilamos durante años y años, regresar a nuestro natural estado de gracia infantil requiere bastante trabajo. Solo podemos lograrlo cuando soltamos nuestras memorias, en especial, las que nos dicen que lo sabemos todo.

No olvidemos que el intelecto no fue creado para saber, sino para elegir. Lo sepas o no lo sepas, eliges todo el tiempo. No importa cuántos diplomas o dinero tengas ni cuál sea tu familia de origen, en realidad no sabes nada y, hasta que no entiendas esto, estarás perdido. Para regresar a un estado de gracia, debes deshacerte de tu arrogancia y volverte más humilde. Para algunos de nosotros, esto requiere dejar ir una gran cantidad de conocimientos y títulos universitarios acumulados, pues solo podemos volver a ser puros de corazón cuando soltamos todo esto.

Es extraño que nos sintamos superiores, por ejemplo, a una silla, cuando la única diferencia entre nosotros y ella es que la silla no tiene libre albedrío. De hecho, la única diferencia real entre la silla en la que estás sentado y tu persona es que la silla sabe quién es y tú no. La silla no se cuestiona. Jamás se pregunta: ¿Seré una silla o un sillón? ¿Estoy hecha de madera o de acero inoxidable? La silla sabe lo que es, pero nosotros no tenemos ni idea.

Tenemos tres partes: la mente consciente (el intelecto o aspecto materno), la mente subconsciente (nuestro niño interior) y la mente superconsciente (nuestro aspecto paterno). La relación con nuestro niño interior es la más importante de nuestra vida, ya que este niño interior guarda todas las memorias y se conecta con la mente superconsciente cuando hacemos la limpieza (Ho'oponopono). El superconsciente es nuestra parte perfecta y sabe exactamente quién es. Está conectada con todo el Cosmos y la Divinidad, el Creador.

Tenemos mucho que limpiar para volver a ser como niños, pero el primer paso de esta travesía es despertar y el viaje bien vale la pena, pues, una vez que entendemos lo que pasa, nos volvemos capaces de elegir mejor. Podemos optar por soltar, reconectarnos con nuestra sabiduría y volver a confiar en nuestros corazones.

Tu corazón no miente. Él te dirá lo que es correcto para ti. No conviene hacer nada que lo contradiga. Consúltale antes de tomar cualquier decisión y antes de cada acción . Vuelve a ser un niño de Dios. Regresa a tu estado de sabiduría. En ese lugar, sabrás que no es necesario preocuparte por nada porque no estás solo. Confía en la sabiduría de tu corazón y vuelve a ser el niño sabio que eres en realidad.

Capítulo 8

EL PERDÓN

Nada sana el alma, abre nuevas puertas y apoya el crecimiento tanto como el perdón. Aunque parezca difícil perdonar, lo cierto es que todos nacimos con esa cualidad pero, a medida que fuimos creciendo, se nos programó y enseñó a no perdonar. Presta atención a los niños y verás con qué facilidad y rapidez olvidan sus rencores.

En primer lugar, debes perdonarte a ti mismo, ya que es esencial aceptarte y amarte tal cual eres. Es importante entender que, sea lo que sea que hayamos hecho o dejado de hacer, dicho o dejado de decir, siempre nos comportamos de la mejor manera posible en relación con nuestros recursos personales en un momento dado. Debemos aprender a tratarnos con bondad y compasión. Si no nos perdonamos, amamos y aceptamos ¿cómo podemos pretender que otros lo hagan?

Cuando sientes que estás molesto contigo mismo, no es que estés realmente molesto contigo, sino que estás reaccionando a tus memorias, que te controlan sin que lo sepas siquiera. Lo mismo pasa cuando te enojas con otra persona. Tu incomodidad no tiene nada que ver con esa persona sino que depende por completo de tus memorias que se repiten. Lo que te afecta no es lo que te hizo la persona, sino tu reacción a lo que hizo. Si lo consideras con cuidado, verás que no todos reaccionan a las situaciones y a la gente igual que tú. Todo depende de tu *percepción*, ¡que también es controlada por tus memorias! Todo está basado en las memorias que se repiten. Es importante recordar, también, que los demás hacen lo que hacen porque, al igual que tú, viven controlados y manipulados por sus memorias.

Tu mayor poder reside en soltar esas memorias. Esa es tu única responsabilidad. Nada cambia cuando hablas, explicas o tratas de tener razón. No olvides que cuando no perdonas no lastimas en realidad a la otra persona, sino que te lastimas a ti mismo. Por eso, si deseas ser libre, perdona y suelta. Dile *gracias* —en tu corazón— a la persona que te lastimó, porque —él o ella— ha aparecido en tu vida, simplemente, para darte una nueva oportunidad de soltar. ¿Alguna vez has oído la famosa frase: «Aquello a lo que te resistes, persiste»? Es absolutamente cierto. Cuando sueltes, la otra persona soltará también, pues no le quedará otra opción.

Tú siempre eres cien por cien responsable de lo que te sucede. Algo en tu interior atrae las situaciones. Tal vez, este concepto parezca extraño o difícil de considerar, pero hay algo dentro de ti que atrae determinadas situaciones o personas para que te traten de la manera en que tú te tratas a ti mismo. No se nos enseña a perdonarnos, amarnos y ser amables con nosotros mismos pero, en realidad, cuando nos amamos a nosotros mismos, atraemos a otros que también nos aman.

Imagino que leer estos conceptos te llenará de indignación si has sufrido una violación o maltrato serio. Quisiera pedirte que lo reconsideres. Tal vez seas un alma superior que eligió vivir esta experiencia. Tal vez hayas estado pagando una deuda antigua que ni siquiera sabías que tenías. Sea lo que sea, para superar los obstáculos y liberarte, debes estar dispuesto a aceptar el cien por cien de la responsabilidad y entender que hay una bendición en cada situación, incluso aunque no lo veas así en este momento.

Existen muchas mujeres que fueron humilladas o maltratadas y ahora son grandes oradoras, motivadoras o empresarias muy exitosas. Dedican sus vidas a crear una realidad mejor. ¿Cómo es posible esto? Es posible solo porque estas mujeres decidieron dejar de culpar a otros y de verse como víctimas y, en vez de eso, aprendieron y crecieron gracias a su experiencia. Dios jamás nos da algo que no podemos manejar. Si continúas victimizándote, jamás saldrás adelante.

Dios está siempre muy cerca, dispuesto a brindarte la ayuda y el apoyo que necesitas, si se lo pides. Recuerda, Dios te ha dado libre albedrío, así que debes pedirle la ayuda. Debes darle permiso para que te ayude. Sí, eres libre de elegir. Si estás cansado, te sientes frustrado y desesperanzado, puedes optar por cambiar en cualquier momento. Espero sinceramente que decidas cambiar, perdonar y liberarte. Recuerda, no es necesario que hables con nadie ni le digas a nadie que lo perdonas. El perdón es un regalo que te haces a ti mismo. Para vivir el verdadero milagro del perdón, solo es necesario soltar y perdonar en tu corazón.

Capítulo 9

LAS EXPECTATIVAS

Las expectativas también son memorias. Vienen de esa parte nuestra que cree saberlo todo y nos dice cuáles son los resultados correctos, cómo deberían ser las cosas, qué está bien y qué está mal. Es muy difícil no tener expectativas pero, cuando aparecen, podemos soltarlas y hacer una limpieza para estar abiertos como los niños y, así, permitir que se presente la mejor alternativa posible. Nunca se sabe de dónde pueden venir las cosas cuando soltamos nuestras expectativas.

En este sentido, Ho'oponopono es mágico. ¡Realmente! Cuando practicamos Ho'oponopono sin esperar resultados específicos, podemos sentir esa magia. Es posible que en nuestra mente creamos saber cuál debe ser el milagro y cómo debe presentarse. Sin embargo, los verdaderos milagros no responden a las expectativas sino que simplemente aparecen, mágicamente.

Nuestra tendencia es a analizarlo todo a través de determinados filtros. Estos filtros son nuestros apegos, creencias y temores. La percepción es uno de los elementos clave de *nuestra* realidad. El problema es que no vemos la realidad sino lo que nuestros filtros nos permiten percibir. No percibimos la totalidad y, por lo tanto, nos perdemos muchas oportunidades por creer ciegamente lo que nos muestran y dicen nuestros filtros. Vivimos en un mundo que creamos basándonos en nuestras memorias y creencias. El Universo sigue moviéndose y cambiando, pero nosotros nos quedamos atrapados en la realidad que decidimos creer. Lo peor de todo es que, de manera acorde con la ley de la atracción, nos encontramos solo con situaciones y personas que nos aseguran que nuestros puntos de vista son correctos y que somos víctimas de las circunstancias. Estamos atrapados en un círculo vicioso de locos. Tal como decía Albert Einstein: «La locura es hacer lo mismo una y otra vez y esperar que el resultado sea diferente».

En realidad, nuestro único deber es soltar y abrirnos para poder recibir. Es como volver a la niñez. ¿Recuerdas aquellos días? De niños estábamos siempre dispuestos a jugar, soñar y reír. Presta atención a los niños. Cuando algo no sale como quieren, suelen enojarse, lo cual es extremadamente difícil de evitar, pero se olvidan del asunto mucho más rápido que los adultos y muy pronto vuelven a jugar, soñar y reír. Los niños viven en el presente. No se quedan atrapados en el pasado ni se preocupan por el futuro. Así que, esa es la clave. Suelta los programas que te dictan cómo deben ser las cosas y vuelve a jugar otra vez como un niño, libre de memorias y expectativas preconcebidas.

Si estás dispuesto a permanecer abierto y flexible y soltar tus expectativas, podrás ver un universo y una realidad que te rodean, que siempre estuvieron allí, pero que tú no veías porque esperabas que las cosas fueran de cierta manera. Las expectativas nacen de nuestro apego a los objetos, a la gente y a los lugares. Creamos nuestras propias prisiones. Somos nuestros propios carceleros.

Abre tus alas. Suelta tus apegos y expectativas de lograr ciertos resultados. Acepta las cosas tal como son y se presentan. El secreto es ser libre y eso significa darse cuenta de que no necesitas nada ni a nadie. Solo entonces podrás disfrutar de todos y de todo. Entiende que el Universo es perfecto y tal como debe ser. La única manera de lograr esto es estar presente en todo momento y observar la vida con la curiosidad de un niño, libre de juicios y opiniones. Cuando aprendas a estar en el presente y observar sin juzgar, serás inmensamente feliz y esta felicidad no dependerá de que las cosas salgan como tú esperas. Fluirás con las aguas del río de la vida, convirtiéndote en parte de ese río y comenzarás a vivir milagros. Existirás en una mágica sincronía en la que ocurren los acontecimientos más increíbles.

La próxima vez que ocurra algo inesperado, detente, respira profundo y mira en tu interior. Obsérvate a ti mismo. Cuando las cosas no salgan como esperas, simplemente observa la situación sin identificarte con ella, sabiendo que el poder que tiene sobre ti es producto de tus memorias, tus creencias. Cuando te deshagas de tus expectativas, encontrarás la paz que buscas, la paz que está más allá del entendimiento. Tu felicidad ya no dependerá de que las cosas salgan a tu manera.

Capítulo 10

LA IMPORTANCIA DE SOLTAR

¿Qué pasa cuando soltamos? Cuando soltamos, permitimos que nuestra parte sabia solucione nuestros problemas. Dios nos dio libre albedrío, así que podemos optar por hacer las cosas a nuestra manera o a la suya.

Pero ¿qué hay que hacer para soltar?

Contamos con una variedad de herramientas distintas para soltar pero, sin importar cuál utilicemos, en esencia, lo que hacemos es aceptar el cien por cien de la responsabilidad y decir: «Lo siento. Por favor, perdóname por lo que sea que haya en mí que ha creado esta situación». Cuando decidimos aceptar el cien por cien de la responsabilidad y limpiar, el maná o la energía divina llega de inmediato a borrar nuestras memorias. ¿Qué se borra? No lo sabemos ni necesitamos saberlo. No importa qué memorias se borran. Nuestra parte sabia entiende qué memorias estamos preparados para soltar.

Tal vez te preguntes quién realiza la tarea de borrar. Pues bien, no somos nosotros. Nosotros solo damos permiso. En esencia, es muy similar a lo que hacemos cuando descargamos un programa o hacemos *clic* sobre un ícono en el escritorio de nuestra computadora. No es necesario saber o entender qué sucede después de eso. Solo es necesario hacer *clic*. Con la limpieza espiritual pasa lo mismo. Hacemos *clic* —diciendo *gracias*, por ejemplo— y, en ese momento, nuestra parte más sabia se encarga del resto.

A veces, podemos pensar que estamos haciendo una limpieza de una situación o persona determinada —es muy probable que eso haya sido lo que presionó nuestros botones emocionales e impulsó nuestra limpieza— pero, realmente, no sabemos qué estamos limpiando ni es necesario que lo sepamos para que el proceso funcione.

Nosotros somos perfectos, pero nuestras memorias no lo son. Todo lo que se presenta en nuestra vida es una oportunidad de soltar, una ocasión para borrar una memoria o un programa que se repite en nuestra mente, para que podamos sentir nuestra perfección, dejar de ser controlados por el pasado y sintonizar con la bondad del Universo.

Soltar es darse cuenta de que venimos a este mundo para liberarnos. No venimos a ganar dinero, comprar propiedades, tener automóviles o encontrar la relación perfecta. Puede presentarse todo eso y mucho más cuando soltamos, pero el verdadero propósito de la vida es aprender a desapegarnos y liberarnos. La iluminación es entender que la felicidad que buscamos no depende de lo que tenemos o deseamos. Al liberarnos de nosotros mismos y de nuestros apegos podemos ser felices y estar en paz en el aquí y ahora.

Entonces ¿por qué es tan difícil soltar?

La tarea resulta difícil porque no sabemos quiénes somos en realidad. Creemos que nuestro valor depende de tener ciertas posesiones, cierto nivel, determinadas relaciones. Nos acostumbramos tanto a esta idea que la consideramos real. Solo conocemos esta realidad y por eso no deseamos despertarnos. Preferimos sufrir con lo malo conocido que confiar en lo bueno por conocer.

Paradójicamente y según mis vivencias, cuando sueltas lo que deseas, recibes más de lo que jamás habías soñado. No digo que sea fácil, pero realmente funciona. Confía y suelta y prepárate para recibir milagros porque, cuando sueltas lo que no funciona para ti, recibes una gran recompensa. ¡Despierta y date cuenta de que puedes ser feliz solo contigo! Tu felicidad no depende de nada ni nadie.

La información acumulada controla al mundo, así como nos controla a nosotros. Una gran porción de esa información se repite en forma de memorias en nuestra mente consciente e inconsciente y, la mayor parte del tiempo, ni siquiera nos damos cuenta. La única manera de liberarte y encontrar la alegría y la paz que buscas es soltar esos datos para permitir que llegue la inspiración —los datos perfectos— y te guíe en la dirección correcta.

Entiende que tus programas —memorias— te controlan. Tú puedes liberarte de su control soltando. Justo entonces, estarás en el lugar correcto en el momento apropiado.

Capítulo 11

LOS JUICIOS

¿Alguna vez has notado que vas a alguna parte y al ver a alguien —a quien ni siquiera conoces— sientes un fuerte rechazo y te dices: «No pienso sentarme a su lado»? Es muy probable que esta sensación haya sido provocada por una memoria que se repite en tu programación. Es el resultado de un juicio basado, únicamente, en una memoria cristalizada. En realidad, no tienes idea de lo que está pasando.

Mi maestro Ihaleakalá me dijo que una vez, cuando estaba observando a una pareja que se besaba y abrazaba, pudo ver cómo, al mismo tiempo, se peleaban entre sí sus niños interiores. Somos capaces de comunicarnos con la gente en formas variadas simultáneamente, sin siquiera saberlo. Es por eso que, en realidad, no es necesario comunicarse verbalmente para provocar cambios en una relación porque, cuando nos despojamos de nuestras memorias personales y soltamos, lo que se borra en nosotros se borra en todos los demás.

Lamentablemente, vemos la vida, las situaciones y a la gente a través de la lente de nuestras memorias y *creemos* que sabemos. Pasamos una cantidad excesiva de tiempo sufriendo debido a la forma en la que interpretamos la realidad. Muchas veces preferimos sentir que tenemos razón en vez de ser felices y estar en paz. Sin embargo, si deseamos liberarnos, hemos de empezar a soltar nuestras ideas preconcebidas que distorsionan la realidad, para poder ver las cosas como en verdad son, como las ve Dios. Las cosas no son buenas ni malas, correctas o incorrectas, sino que simplemente son. *Somos nosotros* quienes etiquetamos la realidad.

Incluso cuando recibimos un halago, como por ejemplo: «Tienes mucho talento para esto» o «Te veo muy bien», depende de nosotros recibirlo o rechazarlo. Muchas veces, ni siquiera lo creemos. Nos rebajamos diciendo: «Cualquiera puede hacerlo». Tal vez ante los halagos, una voz en nuestra mente nos dice cosas tales como: «Si conociera mi otra faceta, no pensaría lo mismo». Otras veces, nos apegamos a quien nos halaga porque sus palabras nos elevan la autoestima y después *necesitamos* a esa persona para sentirnos bien con nosotros mismos. El mundo puede derrumbarse si la misma persona, luego, dice algo negativo. Esto se debe a la irracional importancia que les damos a nuestros juicios y a los juicios de los demás.

Los juicios —tanto los propios como los ajenos— son tan solo información en un monitor. La información aparece para darnos otra oportunidad de soltar algo; son, meramente, datos para borrar. Estos acontecimientos nos dan la oportunidad de decir: «Perdón por lo que sea que haya en mí que atrajo esto a mi vida». Nuestra tarea es simple: ¡Solo debemos darle a la tecla de borrar! No perdamos nuestro precioso tiempo; no hay nada que *el monitor* pueda hacer, así que, más vale soltar.

Solo ten en cuenta que estos programas funcionan todo el tiempo, incluso cuando parece que no está pasando nada.

Por eso, cuando te suceda algo, ¡mírate a ti mismo! No hay nadie más que tú. Libérate de todos los juicios. Observa y no te apegues a ninguna interpretación específica de los acontecimientos, de esta manera podrás verlos como realmente son. Si lo que buscas es felicidad y paz, suelta tus opiniones y juicios.

Por favor: despierta, mira y observa; date cuenta de que eres adicto a pensar, juzgar, opinar y creer que lo sabes todo. Tal vez no resulte fácil, pero puede hacerse. A través del Ho'oponopono, Dios nos da la posibilidad de soltar a un nivel que, de otro modo, nos hubiese llevado miles de vidas. Hacer la limpieza espiritual usando Ho'oponopono es como pagar las deudas y, además, poner dinero en un banco que paga muy buenos intereses.

Debes estar dispuesto a soltar. ¡Puedes hacerlo! No vale la pena juzgar. Lo que vale es soltar.

Capítulo 12

MONTA EN UN SOLO CABALLO

El primer libro de metafísica que leí es de una autora venezolana muy conocida en ese campo, y decía algo así: «Vendrán muchos maestros. Los reconocerás por sus frutos». También decía: «No importa quién imparta la enseñanza o hable, hay que mirar más allá de la persona».

De eso trata este capítulo. Es muy valioso tener en cuenta que lo que importa es el mensaje, no el mensajero. Pase lo que pase, siempre debes seguir a tu corazón, sin importar quién te presente la información. Siempre debes aceptar lo que tu corazón acepta y descartar lo que no tiene esa cualidad.

Es esencial montar en un solo caballo si deseas ver los resultados más rápido. Tu mente subconsciente o niño interior —tu *Unihipili*, como lo llamamos en

Ho'oponopono– puede hacer la limpieza por ti, del mismo modo que se encarga de tu respiración, pero no lo hará si estás siempre saltando de una enseñanza a otra o si practicas muchas modalidades diferentes. ¿Por qué? Porque tu niño interior se confunde y, cuando aparece un problema, no sabe qué hacer, qué técnica o modalidad usar esta vez. Saltar de un caballo a otro puede hacerte perder grandes oportunidades de realizar tu limpieza espiritual.

No es fácil, para nadie, mantenerse en este estado espiritual porque nos hemos vuelto adictos a pensar y reaccionar. Estamos dormidos y funcionamos en piloto automático. Nuestros bancos de memorias –nuestros programas– permanecen activos y toman decisiones por nosotros todo el tiempo.

Debemos estar realmente conscientes para poder elegir soltar –limpiar– en vez de reaccionar. Nuestro niño interior puede realizar esta limpieza por nosotros, automáticamente, si ve que nos comprometemos y montamos en un solo caballo, en este caso, el caballo de la *limpieza espiritual*.

No olvides que tu niño interior te observa; no escucha lo que dices, se fija en lo que haces.

Es por eso que, sin importar cuántos pensamientos positivos tengas ni cuántas afirmaciones y visualizaciones hagas, tu niño interior –la parte que manifiesta las cosas en tu vida– no podrá atraer lo correcto y perfecto para ti porque tú le bloqueas el camino. No olvides que, mientras piensas en positivo manipulas los quince bits de información por segundo que puedes percibir conscientemente. Los otros once millones de bits de información por segundo siguen funcionando, en tu inconsciente, diciéndote cosas tales como: «No valgo suficiente. Debo trabajar duro para ganar dinero. El dinero es sucio»… No somos conscientes de estos pensamientos pero, nuestro niño interior —nuestra mente subconsciente— se encarga de almacenar esos once millones de bits y ¡sabe dónde están! Entre otras cosas, es por esto que tu niño interior es tu mejor socio.

Las afirmaciones y visualizaciones son herramientas de jardín de infancia. Si acabas de despertar y estás dándote cuenta del poder de tus pensamientos, sigue jugando, pero si estás cansado de moverte en círculos, por favor, recuerda que puedes detener el ciclo. Tu deber es simplemente SER TÚ MISMO y soltar.

En Ho'oponopono venimos del amor. Amamos a nuestros enemigos: las memorias que se repiten en nuestra mente. No les oponemos resistencia. No obligamos a nuestro niño interior a pensar o sentir de cierta manera o a manifestar ciertas cosas. He llamado a Ho'oponopono *el camino más fácil* porque, si lo practicas, sentirás libertad, felicidad y paz más allá del entendimiento y lo único que necesitas hacer para lograrlo es soltar tus expectativas y el apego a resultados específicos.

No me malentiendas. Está bien seguir buscando. Está bien seguir haciendo cursos, pero una vez que encuentres lo que buscas, algo que funciona para ti, por favor, ¡persevera y monta en un solo caballo!

Capítulo 13

LOS ELEGIDOS

Casi todos tendemos a sentirnos víctimas cuando ocurren sucesos desagradables en nuestra vida. Hay otros que se sienten víctimas todo el tiempo y viven convencidos de que el mundo está en su contra.

La verdad es que Dios siempre te ama, no importa lo que hagas o seas.

Cuando comiences a soltar y a confiar, descubrirás que eres un elegido. Eres único. Lo que pasa es que para poder ver la obra de Dios primero has de soltar. Te asombrarás cuando empieces a recibir mucho más de lo que imaginabas y desde lugares que jamás soñaste. Te sorprenderá saber cuánto te ama Dios y cómo desea que seas feliz.

Lamentablemente, somos el mayor obstáculo en nuestra propia vida y tendemos a echar la culpa a los demás. Muchas veces, culpamos a Dios de nuestra infelicidad o carencia, pero Él está, simplemente, esperando a que le demos permiso para resolver nuestros problemas. Cada vez que lo hacemos, facultamos a Dios para que nos brinde lo correcto y perfecto. Déjame recordarte que ¡no sabemos lo que es correcto y perfecto para nosotros! Pero, si confías y sueltas, quedarás atónito con lo que Dios te tiene reservado.

Una cosa es indudable, si le das permiso a Dios, siempre tendrás lo que necesitas cuando lo necesitas, ni un minuto antes o después. Sé que esto puede resultar atemorizante a veces, pero es en este punto donde la confianza cumple una función muy importante.

Cuando confíes, comenzarás a sentirte especial.

Quisiera relataros una historia. Cuando me separé de mi marido, después de veinte años de matrimonio, me fui con lo puesto. Una amiga sugirió que nos mudáramos a vivir juntas porque, uniendo nuestros ingresos, podíamos cumplir los requisitos para conseguir una vivienda más agradable y espaciosa. Esto pasó en California. Dos días antes de firmar el contrato de alquiler, me llamó mi amiga para decirme que había cambiado de idea e iba a mudarse a Arizona. Cuando empecé a hacer mi limpieza espiritual con este tema —soltar—, de inmediato se me ocurrió la idea de llamar a la agente de la inmobiliaria y pedirle que pusiera solo mi nombre en el contrato para ser la única responsable. Ante mi sorpresa, accedió y, poco tiempo después de mudarme, comenzó a llegarme trabajo de todas partes. Al cabo de muy poco tiempo, me di cuenta de que podía pagar el alquiler yo sola, sin necesidad de compartir mi casa.

Ocho meses después, llamó el propietario para decirme que deseaba vender la propiedad. Me explicó que, como sabía que me gustaba mucho la casa, deseaba darme la oportunidad de comprarla pero, si no estaba interesada, tendría que mudarme en cuanto venciera mi contrato de alquiler. Claro que deseaba comprar la casa y quedarme en ella, pero ¿cómo? No contaba con el dinero necesario para el pago inicial y, como soy contadora, sabía muy bien que no cumplía los requisitos para obtener un préstamo hipotecario. Mi intelecto me decía que comenzara a empaquetar mis cosas, pero algo en mi interior me sugería que esa no era la mejor opción para mí. En aquel momento me dije: «Si Dios cree que este es el mejor sitio para mí, Él me encontrará el préstamo, porque yo no sé dónde obtenerlo». Sabía que tenía que hacerme a un lado del camino y dar permiso. Lo mejor era soltar, confiar y entregar el asunto al Universo.

Dos de las personas que me habían dicho que tal vez podrían lograr el dinero se echaron atrás. Finalizó el contrato de alquiler y no conseguí el préstamo. Decidí que, en vez de preocuparme por lo que le diría al propietario para convencerlo, me entregaría a la situación con confianza y fe. Y así fue que comencé a limpiar —soltar— y luego lo llamé y le expliqué todo. Sorprendentemente, él me dijo: «No hay problema, Mabel. En realidad, este no es el mejor momento para vender la propiedad. Te prorrogaré el contrato de alquiler. Hazle los cambios necesarios y envíamelo por fax, así lo firmo». Cuando, finalmente, compré la propiedad, no tuve que llamar a nadie para conseguir el dinero. Un agente de préstamos hipotecarios me ofreció su ayuda y, antes de que venciera de nuevo el contrato, ¡obtuve el crédito!

Nos sentimos los elegidos cuando las cosas salen a nuestra manera. Pero hemos de entender que, para ser elegidos, debemos primero elegir dar permiso y luego desapegarnos del resultado. Debemos aceptar que no sabemos lo que es correcto para nosotros y hacernos a un lado.

¿No estás cansado de considerarte una víctima?

¿No has sufrido lo suficiente ya? La alegría y la paz que buscas no están donde crees. ¿Estás acaso esperando que tu vecino cambie? ¿Te pasas el día rezando para que tus hijos dejen de consumir drogas y se porten bien? ¿Estás esperando que tu jefe te dé aquel aumento o que tu marido te sea fiel?

Tendrás que desapegarte de todo para encontrar la paz, la libertad y la felicidad que buscas. Libérate. Todos somos hijos de Dios. Todos somos elegidos. Aunque todos nos veamos diferentes, venimos del mismo Padre. Cuanto antes descubramos esta verdad y decidamos soltar nuestras opiniones, creencias y juicios, antes podremos dejar de comportarnos como víctimas y empezar a sentirnos los elegidos.

Capítulo 14

LAS EMOCIONES

Las emociones son útiles herramientas de supervivencia. Por ejemplo, el temor nos señala que debemos evitar una situación peligrosa o alejarnos de ella. Pero, también son poderosos obstáculos en nuestro camino de autodescubrimiento y liberación si no somos capaces de soltarlas cuando corresponde. Las emociones en sí no tienen nada de malo; son simplemente memorias que se repiten y, como tales, no son reales. Debes entender esto con claridad si deseas ser libre.

Muchas veces, una emoción nace del acto de tratar de obtener algo que no tienes, apegarte a algo que tenías y ya no tienes, o evitar algo que no deseas. Piénsalo con cuidado. ¡La clave es el desapego! No puedes ser feliz si te apegas a algo o a alguien hasta el punto de creer que tu felicidad depende de ese objeto o de esa persona. No sugiero que dejes de amar a tus hijos, tu familia o tus amigos. Ámalos sin apego. Ámalos sin esperar nada a cambio. Puedes ser un padre, compañero y amigo dedicado, confiable y amoroso aunque no creas que tu felicidad depende de alguien o de algo externo a ti. La verdadera alegría es un estado interior.

Es importante darse cuenta de que el apego a nuestras emociones, a los demás, a los objetos o a las circunstancias es algo que aprendimos en nuestra más temprana infancia. Es una de las memorias que se repiten en nuestra mente, un programa muy poderoso. Estos apegos y emociones pueden afectarnos profundamente, pero no son reales y no forman parte de nuestra esencia verdadera. Su control sobre nosotros es solo tan fuerte como nuestra creencia en su veracidad. Una vez que despertamos y entendemos esto, nos damos cuenta de que nosotros decidimos lo que necesitamos para ser felices. Por lo tanto, puedes elegir ahora mismo entre ser feliz y libre o alimentar los apegos y ser desgraciado. Recuerda, hasta las emociones agradables pueden convertirse en angustiantes, ya que todo termina en algún momento.

¿Te das cuenta de lo terrible que es esto? Hemos creado un círculo vicioso de apego emocional. Pensamos que necesitamos algo para estar bien, pero cuando lo conseguimos, continuamos emocionalmente apegados a nuestro temor a perderlo.

Lo cierto es que nadie ni nada fuera de ti puede darte ese bienestar emocional. Solo existís tú y tus programas, tus elecciones, las cosas que decides creer que necesitas para ser feliz.

Por favor, deja de resistirte a la verdad. Libérate. Lo único real es tu verdadera esencia. Recuerda, un problema no es un problema, a menos que tú digas que lo es. Y el problema no es el problema. El verdadero problema es la manera en la que reaccionas a él.

Me gustaría compartir algunos datos de investigaciones científicas sobre nuestras emociones extraídos del libro *Un ataque de lucidez* (*My Stroke of Insight*) de la doctora Jill Bolte Taylor. Jill Bolte Taylor —neuroanatomista graduada en Harvard— sufrió un ictus masivo en el hemisferio izquierdo de su cerebro en el año 1996. El libro documenta su rehabilitación desde un lugar muy íntimo del proceso. La autora escribe:

Defino el término responsabilidad (habilidad de responder) como la habilidad de elegir la manera en la que respondemos a los estímulos que vienen de nuestros sentidos en cualquier momento dado. Aunque existen ciertos programas del sistema límbico (emocional) que se activan automáticamente, se tarda menos de noventa segundos en activar uno de estos programas, hacer que recorra nuestro cuerpo y después expulsarlo por completo de nuestro torrente sanguíneo. Mi respuesta de ira, por ejemplo, es una réplica programada que puede detonarse automáticamente. Una vez iniciado el proceso, la sustancia química que produce mi cerebro viaja por mi cuerpo y tengo una experiencia fisiológica. Noventa segundos después de la detonación inicial, el componente químico de mi ira se ha disipado por completo de mi sangre y ahí termina mi respuesta automática. Sin embargo, si sigo enojada después de trascurridos los noventa segundos, es porque he elegido dejar que ese circuito siga funcionando. Momento a momento tomo la decisión de permanecer conectada a mi neurocircuito o regresar al momento presente, permitiendo así que esa reacción, que es fisiológica y pasajera, se desvanezca.

A nivel intelectual, entendí que podía supervisar y cambiar mis pensamientos cognitivos, pero jamás se me ocurrió que podía decidir cómo percibo mis emociones. Nadie me dijo que la bioquímica de mi organismo necesita solo noventa segundos para capturarme y liberarme. Este conocimiento ha tenido un efecto enorme en la forma en la que vivo mi vida.

Tal vez otra razón de nuestra habitual elección de no ser felices sea que, cuando sentimos emociones negativas intensas, tales como la ira, los celos o la frustración, funcionamos activamente usando circuitos complejos de nuestro cerebro que resultan tan familiares que nos sentimos fuertes y poderosos. Conozco a personas que optan por ejercitar sus circuitos de la ira con regularidad porque esto las ayuda a recordar lo que es ser ellas mismas.

Mi pregunta es: «¿Cómo logramos la felicidad y la paz genuinas?». Si tu respuesta es que debes distanciarte de tus emociones, expectativas y apegos relacionados con el mundo exterior, estás en lo cierto y, la manera más simple de hacerlo es aceptar el cien por cien de la responsabilidad de tu realidad, entendiendo que tú eres quien elige cómo responder a tus emociones.

Ahora lo sabes. Da las gracias a tus emociones, suéltalas y libérate.

Capítulo 15

VIVE EN EL PRESENTE

Piénsalo. En este momento tienes todo lo que necesitas. Si no eres feliz ahora mismo es porque estás enfocado en lo que te falta. Es muy difícil vivir en el presente porque nuestras memorias nos llevan de manera constante al pasado o al futuro. Casi nunca estamos en el aquí y ahora.

Afortunadamente, se nos han otorgado varias herramientas para facilitar el proceso. Entre ellas, hay tres que son básicas.

La primera es *nuestro aliento*, probablemente, una de las herramientas más accesibles y eficaces que tenemos. Como dice mi querido amigo Cyrus Ontiki, maestro de yoga de la risa: «Si estás respirando, estás presente. Si estás presente, estás bien». El mero acto de respirar conscientemente nos trae de regreso al momento presente. ¿Alguna vez has notado que, cuando te dejas llevar por el temor, la preocupación o la ansiedad, lo primero que haces es contener el aliento? Practica la respiración consciente para aumentar tu capacidad de mantenerte presente y mejorar tu salud y bienestar emocional.

La *risa* es otra herramienta poderosa. Ríete de tus problemas. Date cuenta de que tus problemas son solo tus memorias. Puedes reírte de todos los problemas que has atraído y luego soltarlos. Cuando te ríes, también respiras y estás presente.

Última, pero no menos importante, es la *gratitud*. Sentirte agradecido por lo que tienes te traerá al presente y transformará inmediatamente tu vibración y tu energía. La gratitud permite que las cosas lleguen rápido, de la manera más inesperada. Cuando cambias tu vibración, cambias lo que atraes.

Solemos posponer la felicidad en nuestra mente por creer que nos falta algo para ser felices. Realmente creemos que circunstancias externas, objetos o personas pueden darnos la verdadera dicha. ¡Incorrecto! Como estamos tan ocupados *pensando*, muchas veces no percibimos la alegría subyacente y natural que traemos con nosotros a este mundo. ¡Podemos ser felices ahora mismo!

El pasado ya pasó. No hay nada que puedas hacer con él, así que suéltalo y permite que Dios te traiga lo que es perfecto para ti en cada momento. El pasado no se repite cuando aprendemos a soltar.

El futuro es un misterio y se encarga de sí mismo. Depende de las decisiones que tomamos en el presente. Todo puede cambiar mañana gracias a que hoy decidimos soltar en vez de reaccionar o, simplemente, porque estamos dispuestos a limpiar y soltar nuestras expectativas o juicios y opiniones y ¡mantener la boca cerrada! Cuando realizamos esta limpieza, jamás sabemos qué nos espera. Tal vez haya algún evento desagradable que esté por manifestarse, pero no lo hace porque decidimos reír en vez de enojarnos. Cuando estás dispuesto a aceptar el cien por cien de la responsabilidad y entiendes que todo lo que llega a tu vida viene a brindarte una oportunidad de purgar tus errores y liberarte, tomas mejores decisiones que afectarán a tu futuro. Ni siquiera Dios conoce el futuro. Tenemos libre albedrío y, por lo tanto, Dios siempre espera que elijamos.

Recuerda: nada es lo que parece ser. Lo que percibes depende completamente de tus antiguas memorias y programas arraigados. Así que, la próxima vez que tengas algún problema con alguien, ríete y di: «¡Qué interesante; otra oportunidad!».

Solemos sentir que llevamos una carga pero, si nos concentramos en disfrutar el presente y todo lo que nos aporta, la carga se volverá más liviana y nos reiremos mucho más. Dios posee un excelente sentido del humor y nos conoce mejor que nadie.

Conviértete en un observador de la realidad en vez de ser un juez. El desapego es tu salvación. Confía en mis palabras. La vida puede ser más divertida y fácil de lo que crees. Déjate llevar por ella, como los niños, que no tienen creencias ni juicios de valor. Mantente presente. Observa lo que aparece y dale las gracias cuando lo haga. Si se lo permites, el Universo te cuidará momento a momento, hoy, mañana y siempre.

Capítulo 16

LOS HÁBITOS

Los hábitos están entre nuestros peores enemigos. Aprendemos a hacer algo de una determinada manera y, aunque tal vez no nos funcione, seguimos haciéndolo del mismo modo porque se convierte en un comportamiento inconsciente almacenado en nuestra memoria. Lo mismo sucede con el sufrimiento.

¿Sabías que sufrir es optativo y que, de hecho, tú eliges sufrir? La vida nos trae todo tipo de acontecimientos y experiencias, porque de eso se trata vivir. Posiblemente, estos te causen algo de dolor, pero el sufrimiento es opcional. El problema no es el dolor o la pena sino tu reacción a esos sentimientos. El sufrimiento es producto de nuestro apego a los resultados específicos. Tratar de entender todo mentalmente, obsesionarnos y emitir juicios son hábitos que causan gran sufrimiento.

Tal vez te parezca que estos comportamientos habituales e inconscientes son inevitables, pero la buena noticia es que no lo son. Puedes optar por soltarlos.

Para cambiar estos hábitos es necesario que despiertes y comiences a observar lo que te estás haciendo en realidad. Debes volverte consciente y darte cuenta de que eres cien por cien responsable de lo que ocurre en tu vida. Tomas las decisiones y eliges todo el tiempo. Lo haces basándote en tu percepción y tu visión de la realidad, ambas teñidas por tus creencias, opiniones y juicios. En otras palabras, tú creas lo que ocurre y solo tú puedes cambiarlo.

Comienza a hacer las preguntas correctas y a explorar los lugares apropiados. Cuando decidas dar ese primer paso, comenzarán a presentarse otras cosas mejores en tu camino. Se dice que el maestro aparece cuando el discípulo está preparado y así es. El Universo está esperando que despiertes. Todo comienza y termina en ti. Solo tú puedes cambiar tus hábitos. Nadie puede hacerlo por ti.

A menudo, buscamos gurús con la esperanza de que nos digan cómo cambiar, pero todo lo que necesitas cambiar está dentro de ti y solo tú sabes lo que te funciona mejor. Es posible que encuentres algunos maestros en tu travesía que te marquen un rumbo y te proporcionen cierta información, técnicas, herramientas, etc., pero, si no estás dispuesto a probar, practicar y entregarte, nadie puede hacerlo por ti. Solo tú puedes romper con tus patrones y cambiar tu destino. En algunos casos tal vez necesites sentir un gran dolor para llegar al punto de decir: «Ya basta».

Ten en cuenta siempre que los hábitos crean tu destino. Si no te gusta la dirección que ha tomado tu vida, cambia tus hábitos para cambiar de rumbo. Es más fácil de lo que crees. Puedes romper con tus hábitos abriendo la mente y el corazón a una nueva posibilidad, una realidad en la que aceptas el cien por cien de la responsabilidad por lo que se manifiesta en tu vida. Suelta las ideas preconcebidas, los juicios y las opiniones.

Debes estar dispuesto a ir más allá de lo conocido y familiar, sentir el temor que esto provoca, e intentarlo de todos modos. Nadie puede hacerlo por ti para luego explicarte cómo se hace. Debes vivirlo tú mismo y, para llegar a ese lugar, es posible que te veas obligado a dar pasos que te produzcan miedo, pero el resultado está garantizado. Se abrirán nuevas puertas cada vez que estés dispuesto a ir más allá de lo familiar y cómodo. Te lo repito: siente el temor, pero hazlo de todos modos. Te prometo que, una vez que comiences a sentir la magia de tener una mente abierta, de soltar y darle permiso a Dios, la vida será mucho más fácil. Te preguntarás por qué no lo hiciste antes.

Acepta que tal vez no sepas tanto como crees saber. Deberás soltar lo viejo para dejar espacio a la nueva información. Sentirás algo de confusión, pero esa es una buena señal. ¡Significa que algo está pasando!

Recuerda tus sueños de la infancia. Date cuenta de que tú fuiste quien decidió que aquellos eran solo sueños. Tal vez alguien te dijo que no podrías ganarte la vida o que te morirías de hambre si creías en esos sueños. Te invito a que desafíes esas decisiones que se han convertido en tus creencias inconscientes y habituales. Todo esto se te hará mucho más fácil cuando comprendas que los hábitos son solo tus memorias y puedes soltarlas. ¿Estás dispuesto a hacer lo que sea necesario para acabar con los hábitos que no te permiten ser feliz y sentirte pleno? El rechazo y la gente que dice que tus sueños son imposibles deben convertirse en tus motivaciones más poderosas. Agradece en vez de quejarte. Dedícate a lo que amas. Trabaja más duro. Suelta los malos hábitos y expande tu vida más allá de tu zona de confort —de lo conocido—, para alcanzar tus sueños.

Capítulo 17

LAS ADICCIONES

Las adicciones son memorias, así que, sin importar cuáles sean las memorias, podemos borrarlas y soltarlas.

Tal vez pienses: «Pero si yo no tengo una personalidad adictiva» o «¡Yo no tengo adicciones!». Quisiera invitarte a reconsiderar estas premisas.

¿Sabías que pensar es una adicción? Somos adictos al pensamiento. Realmente tememos no poder funcionar apropiadamente *si no pensamos las cosas primero* cuando, en realidad, todo puede fluir y salir mucho mejor si simplemente soltamos y confiamos en el Universo.

La comida, por ejemplo, es otra adicción socialmente aceptable. ¡Es algo que hemos decidido que necesitamos y es imprescindible para vivir! Muchas veces utilizamos la comida para *automedicarnos* y matar el dolor. Frecuentemente, tratamos de evitar sentimientos o enfrentar ciertos asuntos en nuestra vida comiendo más y más.

¡Y no nos olvidemos de la fiebre del consumo!

¿Cuántas veces has salido de compras porque la adquisición de algo que te gusta te hace sentir mejor? Piénsalo. ¿Tienes alguna de estas adicciones?

Soltar las adicciones puede llevar un poco más de tiempo que otras cuestiones. Si pudieses ver la forma de este tipo de pensamientos —sí, los pensamientos son objetos y tienen forma— verías que las adicciones poseen ganchos. Esta característica las hace un poco más difíciles de borrar, pero es posible hacerlo. Lo importante es ser paciente y estar en paz, pase lo que pase.

Por favor, no creas que tus adicciones son *malas*. Recuerda: aquello a lo que te resistes, persiste. Intenta amar y aceptar a tus adicciones. Muéstrales la otra mejilla, la mejilla del amor. Di *Te amo* al cigarrillo, al alcohol, a las relaciones, a tu intelecto que cree saberlo todo…

El amor lo cura todo y es la única manera de cambiar las cosas difíciles.

Sé paciente. Si haces lo que te corresponde, Dios hará su parte, pero solo a su tiempo, en el momento perfecto y no necesariamente cuando a ti te parezca que debe ser. Es importante mantenerse libre de expectativas durante todo el proceso.

También ayuda mucho trabajar el tema con tu *Unihipili* —niño interior— porque esta es tu parte emocional.

Esta es la parte de ti que sufre. Por fortuna, puede ser tu aliada. Háblale a tu niño interior y dile que todo va a salir bien, que estás allí para cuidarlo y recuérdale que juntos podéis lograrlo todo. Prométele que esta vez no lo abandonarás y dile que lamentas todas las veces que lo descuidaste.

Recuerda que estás desaprendiendo, reprogramando gran parte de tu manera de ver la realidad y, para tener éxito, debes ser bondadoso contigo mismo. El amor y la aceptación de uno mismo son elementos esenciales del proceso. Solo con amor podemos sanar.

Una vez que perfecciones este proceso, serás capaz de observar la realidad desde un punto de vista completamente diferente. Estarás más desapegado y, por lo tanto, podrás apreciar tu adicción y comenzarás a valorar la vida y al universo de seres animados e inanimados que te rodean. A medida que entiendas que tu adicción es tan solo parte de tus memorias y aceptes el cien por cien de la responsabilidad irás cambiando tu vida. Descubrirás que tú no eres la adicción pero, como la creaste y atrajiste, también puedes soltarla.

La meta es ser feliz y estar en paz con o sin la adicción. Es necesario llegar al punto en el que sentimos alegría sin razón aparente. Una vez que conozcas este sentimiento, podrás despertarte cada vez que vuelvas a caer en la adicción. Buscarás la paz y la felicidad que deseas dentro de ti mismo y entenderás que no necesitas la adicción ni nada exterior para ser dichoso. Una vez que aceptes el cien por cien de la responsabilidad y te des cuenta de que tus programas atrajeron la adicción, serás capaz de decirle gracias. Sentirás gratitud por la oportunidad de crecer que te brinda y encontrarás la felicidad verdadera en tu corazón porque sabrás que ya no necesitas la adicción y puedes soltarla.

No lo olvides. Tú creas tu realidad y ¡tú puedes cambiarla! Las adicciones son tan solo otra oportunidad de crecer y encontrar tu verdadero yo.

Capítulo 18

EL MIEDO

¡Detengan el mundo que me quiero bajar!

¿No sientes a veces el deseo de gritar esas palabras? Pues me temo que en este momento ya estamos en mitad del baile, así que no tenemos más remedio que seguir hasta que la canción se acabe. Mientras tanto, puedes despertar y ver las cosas como son en realidad. Sé que es atemorizante soltar todo lo que consideramos real. El temor es inevitable cuando soltamos lo conocido y nos lanzamos a lo desconocido.

La belleza de este proceso es que todo lo que estás buscando y lo que desea tu alma reside en esa zona desconocida. Es lógico que sientas temor en el momento de soltar la realidad que conoces, pero debes hacerlo de todos modos. Ten fe en que, si estás dispuesto a pedirla, se te brindará la ayuda que necesitas. Solo es necesario solicitarla porque tienes libre albedrío. El Universo no puede intervenir si no se lo pides. Cuando practicas Ho'oponopono —diciendo *gracias* o *te amo* al temor— esencialmente lo que haces es pedir ayuda. Te haces cien por cien responsable de tu realidad y le das a Dios permiso para tomarte de la mano, guiarte y protegerte. Nadie puede hacerlo por ti. No estás solo. Si pides, recibirás.

Es importante estar dispuesto a observar el temor, sabiendo que no eres ese temor. Tu esencia va más allá de él. Si lo haces, el miedo se desvanecerá de inmediato y, a medida que parta, llegará la inspiración y te guiará de regreso al paraíso, ¡aunque sea por un breve segundo! Y cuando aparezca la próxima memoria o duda, simplemente, continúa soltando, momento a momento. Te pido por favor que cuando aparezca el temor, respires profundo. Lo primero que hacemos cuando nos asustamos es contener el aliento, así que este pequeño paso te ayudará inmensamente a disipar los miedos.

Considéralo: tienes la posibilidad de ver al Universo como lo ve Dios, sin temor. Es como ver por primera vez, como un recién nacido, una oportunidad de volver a empezar. La felicidad que buscas está detrás de cada *gracias* y *te amo* que dices al temor, a la duda, a las opiniones y a los juicios, antes de soltarlos. Agradece al miedo, ya que aparece para darte una oportunidad más de soltar. Es un excelente reloj con alarma que te avisa de que ha llegado la hora de despertar y hacer las cosas de forma distinta o, tal vez, que es el momento de movilizarte y entrar en acción. El miedo es algo que creamos en nuestra mente y nuestras creencias le dan poder. En cuanto nos damos cuenta de esta verdad, el temor desaparece de inmediato.

Capítulo 19

PONTE EN PRIMER LUGAR

A medida que vamos creciendo, nos enseñan que es egoísta colocarnos en primer lugar y hacer lo que nos hace sentir bien. Es así como nos convertimos en expertos en complacer a los otros y aprendemos a darle mayor importancia a lo que piensan los demás sobre nosotros que a lo que pensamos sobre nosotros mismos. Este lamentable error genera mucho sufrimiento.

Un día, mi maestro Ihaleakalá regresó de una caminata y me dijo: «Me siento muy emocionado en este momento porque me he dado cuenta de que lo único que nos pide Dios es que nos cuidemos bien y digamos 'lo siento'. ¡Eso es todo!». Es así de simple. Solo necesitamos dejar de tratar de complacer al otro y ponernos en primer lugar. Esto puede generar mucho temor en una sociedad que nos enseña a colocar todo en el afuera, también la responsabilidad de nuestros actos.

Por desgracia, actuamos para complacer a los otros y no nos damos cuenta de que si algo no funciona para nosotros no funcionará para los demás. Es también muy importante entender que, cuando nos ponemos en primer lugar, permitimos que los demás hagan lo mismo y sean ellos mismos. No es posible ayudar verdaderamente al prójimo si no nos ayudamos a nosotros primero. Estoy segura de que todo aquel que haya viajado en un avión habrá escuchado las instrucciones de seguridad que nos indican colocarnos la máscara de oxígeno primero y luego ayudar a los demás. Piénsalo. ¿De qué les servimos a los demás si nos descuidamos tanto que nos volvemos incapaces de ayudarlos?

Nuestra dependencia del mundo exterior nos hace buscar el reconocimiento en los lugares equivocados. Deseamos que los demás aprueben nuestras decisiones y anhelamos que el prójimo nos ame, pero con frecuencia no nos aceptamos ni nos amamos a nosotros mismos, ponemos al otro en primer lugar porque buscamos su amor y aceptación. Luego, cuando obtenemos nuestro deseo a expensas de nuestra verdadera identidad, descubrimos que somos desdichados. Esto es porque nada es capaz de llenar el vacío que deja la negación de nuestra propia identidad.

Siempre esperamos que los demás nos den algo a cambio de nuestros favores y nos enojamos cuando el otro no responde de manera acorde con nuestras expectativas. Así es como nos encadenamos y encadenamos al otro.

En realidad, nadie puede hacernos aquello que no le permitimos hacer, ni algo que no nos estemos haciendo ya nosotros mismos. La gente nos trata como nos tratamos nosotros. Es difícil aceptar esto, pero somos responsables de todo lo que atraemos a nuestra vida. Es posible que no lo hagamos conscientemente, pero lo hacemos igual. Nuestra realidad no tiene nada que ver con lo que nos hace el prójimo; nuestra realidad es solo lo que estamos permitiendo. Todo es un reflejo de antiguos programas. Podemos elegir permitir, o podemos elegir soltar.

La única forma de escapar de este círculo vicioso es ponernos en primer lugar en todo sentido, no solo en lo que se refiere a atender nuestras necesidades sino también cuando llega el momento de aceptar nuestra responsabilidad. Somos los arquitectos de nuestro destino y solo nosotros podemos liberarnos decidiendo aceptar el cien por cien de la responsabilidad, perdonándonos y soltando, y dándole a Dios permiso para borrar las memorias que ya no nos sirven.

Muchas veces sentimos soledad y buscamos compañía o amor donde no debemos. Por favor, recuerda que jamás estamos solos. Dios está siempre con nosotros. Mi maestro Ihaleakalá suele decir: «No hay nada como pasar tiempo con Dios».

No hay absolutamente nada en el exterior que pueda hacerte feliz. Todo lo que encuentres allí solo te brindará una satisfacción o estímulo momentáneo. Tarde o temprano desaparecerá o tal vez perderás interés y, cuando esto ocurra, sentirás la pérdida. Por eso, busca en tu interior, es allí donde reside verdaderamente todo lo que necesitas. Aprende a aceptarte y amarte con sinceridad y luego aceptarás y amarás mucho más a los demás.

Cuando te pongas en primer lugar, irás más allá de la necesidad de aceptación y te sentirás pleno de una alegría completamente independiente de las circunstancias exteriores.

Capítulo 20

LA PAZ COMIENZA CONTIGO

Estamos siempre esperando que las cosas se arreglen. Anhelamos que cambien y nos angustiamos cuando nos damos cuenta de que no podemos moldear el mundo exterior según nuestra voluntad. En realidad, sí podemos cambiar las circunstancias externas: si nosotros cambiamos, todo cambia. Cuando estamos en paz, todo lo que nos rodea también está en paz.

La forma en la que percibimos la vida depende de nuestras memorias. Cuando sentimos confusión, temor y ansiedad, podemos limpiar esas memorias. Podemos soltarlas. Ahora sabemos que son solo memorias que se repiten. A medida que sueltas y Dios borra memorias en ti, se borrará también todo lo demás. Por eso, encontrarás la tranquilidad que buscas cuando aceptes el cien por cien de la responsabilidad y sepas que, a medida que sueltes todo lo que no forma parte de tu esencia, hallarás la paz de ser tú mismo.

Una vez que comiences a soltar y a hacer la limpieza espiritual, todo lo que no forme parte de tu yo esencial se irá y podrás apreciar la vida de una forma diferente. Te volverás más observador y estarás más presente. De pronto, verás los árboles, las hojas que caen en el otoño y el océano, de un modo en el que jamás los habías visto antes. Entenderás que has estado ciego todo este tiempo. Tu corazón se llenará de paz cuando te vuelvas capaz de observar, en vez de engancharte a los acontecimientos y reaccionar al mundo exterior. Cuando sueltes las memorias, podrás ver la vida como la ve Dios.

Para estar en paz, es importante recordar que la gente no mata ni es mala o hace daño por naturaleza. Quienes actúan de este modo lo hacen porque reaccionan constantemente a sus memorias y, como no son conscientes, no pueden evitarlo. Cuando alguien te haga algo que no te guste, debes mantenerte consciente, observar y saber que esa persona no está siendo ella misma en ese momento sino que está actuando por impulso de sus memorias reiterativas. Si eres capaz de aceptar el cien por cien de la responsabilidad —entendiendo que todo es producto de tus memorias— y estás dispuesto a hacer la limpieza, lo que se limpie en ti, se limpiará también en el otro.

Recuerda que la mayoría de nuestros problemas viene de nuestros ancestros y casi todo lo que está ocurriendo en este momento no tiene nada que ver con el presente.

¿Qué te parece que pasaría en el mundo si dejáramos de considerarnos víctimas y ya no echáramos la culpa a los demás ni pensáramos que lo sabemos todo o que siempre tenemos razón? La raza humana es ignorante y está dormida. No sabemos quiénes somos. ¿Qué pasaría si todos estuviéramos dispuestos a aceptar el cien por cien de la responsabilidad? ¿Sería posible la paz en el mundo?

Quisiera relatar algo que me ocurrió hace un par de años, cuando fui a Chile para enseñar Ho'oponopono. El curso duraba todo el sábado y media jornada del domingo. Durante el primer período de descanso del sábado por la mañana, se me acercó un participante palestino y me dijo: «No estoy de acuerdo con nada de lo que compartió con la clase y, de hecho, no deseaba venir cuando vi que su apellido era judío». Él opinaba que yo no tenía nada que enseñarle. Luego me dijo todo lo que pensaba y, cuando terminó, para su sorpresa, yo le dije que estaba de acuerdo con todo lo que me había dicho y que deseaba pedirle que fuera abierto y flexible porque creía que estábamos hablando de lo mismo pero llamándolo con nombres diferentes. Aceptó y decidió quedarse.

Cuando vino a la mañana siguiente, relató una historia asombrosa sobre un problema grave que tenía que ver con la policía y que había ocurrido la noche anterior.

Nos contó cómo había utilizado una de las herramientas que yo le había dado el sábado. El hombre no podía creer los resultados. Estaba sorprendido de que un asunto tan serio se hubiese resuelto de manera milagrosa. Pues bien, al finalizar la clase, ese mismo hombre me dio un enorme abrazo y gritó: «¡Esto es la paz en Oriente Medio!».

Espero que entiendas lo profundo de esta situación. No necesité convencerlo de nada, no necesité discutir ni necesité tener la razón. Tampoco fue necesario ganarle la partida. Fue suficiente mantener la boca cerrada y decir: «Lo siento. Por favor, perdóname por lo que sea que hay en mí que ha creado esto», mientras él me expresaba su enojo. Me mantuve consciente de que él no estaba allí afuera sino que formaba parte de mis propios pensamientos, mis propias memorias. Había aparecido en mi vida para darme la oportunidad de rectificar.

Si deseas libertad y paz, mírate a ti mismo y date cuenta de que todo lo construyes sobre tus memorias. Formulas juicios de valor basándote en tus memorias y ves todo a través de ese filtro. Estás ciego y sordo, pero crees saberlo todo. Muchas de las memorias provienen de tus ancestros y ni siquiera son tuyas. Alguien tiene que hacer la limpieza y el perdón es el único camino. Cuando no perdonas, te lastimas a ti mismo, no a los otros. Además, debes estar dispuesto a perdonarte por no saber lo que estás haciendo.

El Ho'oponopono, antiguo arte de resolución de problemas, nos recuerda que la única razón por la que estamos en este mundo es para reparar nuestros errores y que es un privilegio estar aquí. Debemos despertar de una vez por todas y decir *lo siento*, no porque seamos culpables ni pecadores, sino porque ¡somos cien por cien responsables!

Cuando despiertas, te vuelves más consciente y capaz de observar sin apego. Te das cuenta de que la paz que buscas comienza contigo.

Como dijo una vez Mahatma Gandhi: «Si quieres cambiar al mundo, cámbiate a ti mismo».

Capítulo 21

CAMBIA TU VIDA

Tú puedes cambiar tu vida sin depender de nada ni nadie. No sabes esto porque has olvidado quien eres. Tu poder está en tu interior, no depende de nada externo. Es más simple de lo que crees.

No importa lo que esté pasando o lo que nos parezca que nos está haciendo la vida, la realidad es que nos lo hacemos nosotros mismos.

Lo que atraemos y vivimos está determinado por nuestras propias memorias que se repiten, nuestra programación que nos *habla*. Estas memorias se repiten todo el tiempo. Son como CDs que se reproducen en nuestra mente, seamos o no conscientes de ello. Ellas nos dicen lo que es bueno y lo que es malo, lo que es correcto y lo que es incorrecto. Nuestro intelecto cree

saberlo todo pero, en realidad, no sabe nada. Ni siquiera sabe que lo controlan estas memorias.

Cuando despertamos, entendemos la realidad. Nos
volvemos más conscientes y capaces de tomar decisiones lúcidas. Y lo mejor que podemos decidir es dejar de
vernos como víctimas, ya que no lo somos ni jamás lo
seremos. Si te consideras una víctima de las circunstancias, por favor recuerda que, en realidad, eres víctima
de tus propios pensamientos. No hay nadie con poder
sobre ti en el exterior. Todo depende de tu percepción.
Tú percibes que los demás te están *haciendo* algo pero,
en realidad, no hay nadie allí afuera. Lo que ves son tus
pensamientos sobre los demás o sobre la situación. Así
es. No hay nadie afuera.

Es posible que cambiar sea difícil, porque conside-
rarse víctima tiene sus ventajas. Tal vez niegues esta idea
categóricamente pero, de hecho, la única razón por la
que entregamos nuestro poder es porque asumir el papel de víctima nos otorga algún tipo de beneficio. Tal vez
obtengamos algo de atención. Tal vez nos dé demasiado
miedo sentarnos en el asiento del conductor de nuestra
vida. Y, lamentablemente, siempre encontramos a quienes están de acuerdo con nosotros y confirman nuestra calidad de víctimas. Además, nuestro subconsciente
hace todo lo que sea necesario para tener la razón. Va
por la vida atrayendo a gente y situaciones para poder
decir cosas tales como: «¿Ya ves? Te lo dije: no se puede
confiar en los hombres», «Las mujeres son malas» o «El

dinero es difícil de conseguir». Una vez que creemos algo, tratamos de demostrar que es cierto, pero luego nos sentimos muy desafortunados porque nos pasamos la vida atrayendo un montón de acontecimientos negativos.

Sin embargo, cuando ocurre algo, podemos elegir soltar en vez de reaccionar y dejar de elegir vernos como víctimas. Soltar es una elección consciente y mejor, que nos permite encontrar lo que estamos buscando y mucho más. Al principio, tal vez te parezca difícil romper con la costumbre, pero una vez que aprendas cómo hacerlo, descubrirás que tú controlas la situación y te resultará muy fácil cambiar tu vida.

No lo olvides: si deseas liberarte, acepta el cien por cien de la responsabilidad. Es fácil cambiar lo que tú mismo has creado y atraído. Las respuestas comenzarán a aparecer mágicamente en cuanto consideres la posibilidad de que tal vez hay algo dentro de ti que atrae ciertas circunstancias y situaciones a tu vida. Te llegarán las soluciones perfectas. Recuperarás tu poder. Y mejor aún, como lo que se borra en ti se borrará en los demás, notarás que la gente cambia, aunque no serán ellos quienes cambian, en realidad. A medida que tú cambies, cambiará tu realidad. Ya no necesitarás hablar tanto para obtener los resultados que buscas, porque soltarás tu necesidad de tener razón y decir la última palabra. Entenderás la verdad y sabrás que no importa tener *la razón*. Tu verdadera identidad está más allá de los problemas y las discusiones. Libérate de esta forma de pensar y encontrarás la paz. Y a medida que cambies, notarás que el mundo también cambiará.

Puede ser que todos nos veamos diferentes. Algunos aparentan afrontar más desafíos, otros menos, pero todos tenemos las mismas oportunidades. Todos venimos de la misma fuente y regresaremos a ella. Si decides despertarte y dejar de verte como la víctima, posiblemente logres disfrutar de la vida, divertirte y volver a casa en un asiento de primera clase. Si prefieres no dejar de culpar, tal vez tengas que retornar a casa nadando, pero, al final, lo único que no podemos cambiar es que todos regresaremos a CASA.

Capítulo 22

LA APARIENCIA

¿Qué cuentos nos contamos para mantener alejados al bienestar y a la felicidad? ¡A veces somos nuestro peor enemigo! Nuestras ideas negativas sobre nuestra apariencia física pueden afectar a nuestra realidad. Minan nuestra autoestima: lo que pensamos de nosotros mismos y cómo percibimos lo que otros piensan de nosotros.

Mírate en el espejo. ¿Qué ves? ¿Ves a una persona con sobrepeso? ¿Te sientes mal y te preocupas cuando escuchas la palabra dieta? ¿Te concentras en el dolor de no comer todo lo que te gustaría comer? Pero ¿qué puede ser más doloroso que sentirse con sobrepeso, vulnerable e incómodo?

En Ho'oponopono decimos que estas son memorias que se repiten y son inmensamente poderosas.

Pensamos que somos libres, pero estos pensamientos y programas nos controlan en todo momento. Están siempre repitiéndose como una música de fondo en nuestra mente. Debemos DESPERTARNOS y tomar mejores decisiones. Mantenerse consciente es curativo y es el primer y más importante paso hacia nuestra meta. ¡Nosotros elegimos!

Sí, se necesita esfuerzo para seguir una dieta. Uno ve que la gente que lo rodea no hace más que pensar en la comida y en reunirse para comer. Se habla todo el tiempo de lugares para ir a almorzar o cenar. La comida es algo social. Hay comida por todas partes, dondequiera que vamos. Pero ¿sabes una cosa? Las personas y circunstancias de tu vida son en realidad un regalo. Ellas te otorgan la oportunidad de ver lo que necesitas cambiar y soltar para hacerte cargo de tu vida.

¿Y cómo funciona esto? Esencialmente, debes tomar conciencia y soltar estas memorias. Esto es imposible de hacer a nivel mental porque solo somos conscientes de una porción minúscula de los pensamientos que se repiten de forma constante en nuestra mente. Por eso, la mejor manera de soltar es aceptar que somos cien por cien responsables de la realidad que creamos. Yo utilizo en todo momento las herramientas de Ho'oponopono para hacer una limpieza tanto de las memorias y los pensamientos conscientes como inconscientes. Mi mejor herramienta es decir: *Gracias, Te amo*, a esas memorias y de ese modo las suelto.

El proceso puede ser mucho más fácil si trabajamos con nuestra mente subconsciente —nuestro niño interior— porque es la parte de nosotros que guarda esas memorias. Por lo tanto, el niño interior —*Unihipili*, en hawaiano— es la parte que manifiesta nuestra realidad. Es crucial desarrollar una relación de confianza fuerte y amorosa con nuestro niño interior para cambiar nuestra realidad, porque este niño puede facilitar mucho nuestro proceso. Recuerda: esta es la parte de ti que sufre, no tú. Es la parte que tiene hambre o piensa que no puede sobrevivir a menos que coma un poco de ¡helado de vainilla!

Deseo compartir contigo lo que me pasó la última vez que viajé a Japón con mi maestro Ihaleakalá. Esto es muy importante para mí. Estaba en Okinawa y pedí que me trajeran la cena a mi habitación. Encargué pollo, que venía con arroz, así que les pedí que reemplazaran el arroz por verduras. Accedieron a hacerlo, pero me lo trajeron con ¡patatas fritas! Adoro las patatas fritas. Yo diría que son una de mis debilidades. Antiguamente, jamás podía negarme a comerme una. Solía comerme hasta las que mis acompañantes dejaban en el plato. Pues bien, quiero confesar que me metí una en la boca. Tuve la oportunidad de saborearla, pero me la saque y corrí con ella al baño, donde la tiré a la basura. Así es. ¡Tiré todas las patatas fritas a la basura! Ni yo misma podía creerlo. Eso lo pude hacer solo porque había llegado al punto de decir: «Ya es suficiente». Me había prometido a mí misma que haría lo que fuera necesario para cuidarme. Me comprometí a dejar de lastimarme. El amor hacia nosotros mismos es lo que nos da la fortaleza necesaria para perseverar. No hubiese podido lograrlo sin la ayuda de mi niño interior. Mientras me quitaba la patata de la boca, no dejaba de repetirle a mi niño interior: «Podemos hacerlo. Todo va a salir bien. Vamos a estar bien».

Sin embargo… ¡ten cuidado! El mero hecho de cambiar tu peso o apariencia no resolverá tus problemas. Estas características son exteriores. Lo que debes cambiar y soltar son tus memorias y programas, lo que decidiste creer sobre ti mismo. De otro modo, tu felicidad será pasajera. No puedes depender de las circunstancias externas para estar bien. Para lograr la verdadera felicidad, es esencial que trabajes con las memorias que te dicen que eres gordo.

Mi maestro Ihaleakalá dice que la comida no es lo que nos engorda. Según él, lo que nos engorda son nuestros pensamientos sobre la comida.

Una vez que comiences a soltar estas memorias que se repiten, comenzarás a ver los resultados y elegirás mejor. Es como una reacción en cadena. Cuando haces lo correcto te sientes tan bien y tan orgulloso de ti mismo que esto te impulsa a hacer otras cosas que has dejado de lado. De ese modo, te vas sintiendo cada vez mejor y, de repente, te vuelves IMPARABLE.

Entonces, ¿cuánto quieres realmente lo que deseas? ¿Estás dispuesto a hacer lo necesario para lograrlo? Se requiere bastante trabajo para llegar al lugar al que deseamos llegar, pero puedes elegir practicar Ho'oponopono —soltar— y ¡eso te permitirá ver el panorama completo y disfrutar del proceso! Acepta la responsabilidad y suelta; encontrarás la paz y la felicidad verdaderas, no solo en la manera que te sientes y te ves, sino en todo.

Capítulo 23

LA FELICIDAD

Nuestra realidad incluye todos nuestros programas, memorias, creencias, apegos, emociones y expectativas. Estos se acumulan a través del tiempo. Hemos estado ciegos y sordos durante innumerables vidas. Estamos completamente drogados buscando amor, aceptación y valoración en los lugares equivocados. Buscamos el éxito, el poder y las cosas materiales, creyendo que esto nos *hará felices*. Nuestra tendencia es tratar de cambiar a la gente porque creemos que, si los demás cambian, seremos felices. Entregamos nuestro poder al otro continuamente porque creemos que nuestra felicidad depende de los demás y de las circunstancias externas.

La gente cree que la felicidad es una experiencia. Si te pido que describas la felicidad, es probable que hagas una lista de objetos, circunstancias y personas que tienes o deseas tener en tu vida porque crees que eso te *hará feliz*. Como la mayoría de la gente, quizás creas que la felicidad viene de tener lo que deseas en tu vida. Sin embargo, aunque tal vez experimentemos una satisfacción pasajera cuando alcanzamos o atraemos lo que deseamos, la verdadera felicidad es una actitud y no una relación de causa y efecto. En otras palabras, cuando eres genuinamente feliz, no puedes explicar la razón. ¡Simplemente, lo eres!

Mientras ibas creciendo, te enseñaron que *necesitabas* ciertas cosas en la vida para ser feliz pero, en realidad, tú ya eres feliz, aunque no lo sabes. Crease o no, ser infeliz *cuesta trabajo* porque es un estado de ánimo creado por ti.

Mi maestro Ihaleakalá siempre dice que ya somos perfectos, pero nuestras memorias son imperfectas. Nuestras memorias y programas nos dicen que necesitamos determinadas cosas externas para ser felices y, por eso, solemos apegarnos a los objetos, los resultados, las relaciones, etc. Incluso, cuando logramos lo que queremos, descubrimos que ni así somos felices porque, a partir de ese momento, debemos luchar por proteger lo que tenemos y nos conectamos con el temor a perder aquello a lo que estamos apegados. Después deseamos algo más y cuando lo obtenemos, nos olvidamos de cuánto lo deseábamos, y enfocamos nuestra atención en alguna otra carencia. Siempre hay algo que se interpone entre nosotros y la felicidad porque no hacemos más que concentrarnos en nuestros apegos.

Cuando nos sentimos dichosos por algo que está pasando, un evento o una relación en nuestra vida, esto no es la felicidad verdadera. Lo que solemos llamar felicidad es una mera experiencia de felicidad, un sentimiento fugaz de satisfacción momentánea.

Por fortuna, en cuanto eliminamos la desdicha creada por esta visión de la realidad tan negativa, la felicidad subyacente sale a la superficie. Podemos lograr esto volviéndonos conscientes de que nosotros no somos esas memorias, esos pensamientos constantes que nos dicen que necesitamos objetos externos, circunstancias y personas para sentir dicha. Podemos elegir ser felices. Para ello, es esencial entender que nosotros somos quienes creamos nuestra infelicidad. Lo que te está diciendo que necesitas algo determinado para ser feliz es tan solo una memoria. ¡Suéltala!

Puede ser que la felicidad verdadera no se sienta con frecuencia, pero es fácil de reconocer. Recuerda aquellas veces en las que te sentiste feliz sin razón alguna. Observa a los niños jugar y verás la felicidad verdadera en su entrega dichosa al momento presente. La verdadera felicidad no es *causada* por algo específico. Es un estado del ser.

Una vez que entiendas tu desdicha, esta desaparecerá porque la conciencia es curativa. Ser consciente de lo que te estás haciendo puede liberarte. Encuentra oportunidades para ser tú mismo: haz lo que amas, sé generoso contigo y con la vida. Todo esto te recordará la verdadera felicidad que mora en tu interior, ese derecho de nacimiento oculto bajo tus memorias, los preconceptos confusos, la preocupación, los juicios, el temor constante y la necesidad de controlar el resultado de todo. Lo cierto es que todos nacemos felices. Ese es nuestro estado natural.

Por favor, no te engañes pensando que serás feliz cuando tengas una cierta cantidad de dinero en el banco o cuando aquella persona que deseas por fin te ame. ¡No pierdas ni un instante! La vida es corta y ocurre en tiempo presente. Todo lo que tienes es este momento. ¡Elige ser feliz ahora!

Capítulo 24

EL MEJOR MOMENTO PARA HABLAR CON LA GENTE

¿Tienes problemas con los demás? ¿Te sientes frustrado por tu relación, preocupado por tus hijos o insatisfecho con tu jefe? De ser así, te sugiero que les hables cuando están dormidos. Créase o no, esta es la mejor manera de comunicarles tu mensaje. Es muy simple. Cuando están dormidos puedes susurrarles en el oído: «Te amo. Gracias por estar en mi vida».

¡Eso es todo! Por favor, no empieces a darles instrucciones sobre cómo deben comportarse cuando despierten. Lo único que necesita escuchar la gente es que la aceptas tal como es.

Imagino lo que estarás pensando... ¡algunas de estas personas no viven contigo! Créeme. Funcionará igual.

Si no están contigo cuando duermen, puedes hablarles cuando sabes que están durmiendo. Te prometo que igual recibirán tu mensaje.

Cuando le hablamos a un individuo mientras duerme, nos comunicamos directamente con la mente subconsciente, que jamás duerme. Esa es la parte a la que conviene hablarle. Es inútil hablarle a su intelecto porque, de inmediato, este se defiende. No malgastes tu tiempo. Estoy segura de que ya has intentado incontables conversaciones y discusiones de este tipo y sabes que no funcionan.

Tu claridad y estado de conciencia aumentarán a medida que sueltes tus viejas memorias y antiguos preconceptos a través del proceso de la limpieza y, mientras crezcas espiritualmente y te vuelvas más abierto y amoroso, aportarás esta claridad y estado de conciencia a tus relaciones. Entonces, comenzarás a ver a la gente como es en realidad y no como te gustaría verlos. Y cuando te des cuenta de que ves a todo el mundo a través de una lente sucia —teñida por tus memorias— te volverás más consciente de que la gente no puede evitar hacer lo que hace porque no conoce otra realidad. De hecho, todos nos comportamos lo mejor que podemos en cada momento. Al entender esto, comprenderás que, a veces, es mejor no hablar y, naturalmente, te comunicarás mejor.

Es importante volverte consciente de que tú eres quien etiqueta y quien decide qué está bien o mal de lo que los demás hacen. Tu percepción está basada en tus creencias y estas generan opiniones y juicios. Tus opiniones y juicios crean la necesidad de tener razón aunque tener razón no te haga feliz. Cuando dejes de comunicarte desde tus propias percepciones y ya no proyectes tu necesidad de tener la última palabra, verás que la comunicación con los demás cambia por completo.

Entonces, puedes decidir ya mismo ser feliz. Puedes soltar la necesidad de tener razón y decir la última palabra. Seguramente ya habrás vivido la experiencia de ganar una discusión y sabes que la satisfacción es temporal. El sentimiento que buscas está en tu interior y no lo encontrarás en el exterior. Cuando tú cambias, todo cambia.

A medida que practiques este método, verás que la gente cambia pero, en realidad, eres tú quien está cambiando, no ellos. Tus pensamientos sobre los demás han cambiado y, por eso, los demás cambian.

Renuncia a la necesidad de hablar, tener razón, defenderte o defender tu punto de vista. Ama a la gente y acéptala tal cual es. Comienza por amarte y aceptarte y notarás que se te hace mucho más fácil amar y aceptar a los demás.

Es un proceso maravilloso. Mientras vamos despertando, permitimos a los demás que también despierten. La verdad te liberará y, a medida que te liberes, los demás también se liberarán, pero todo comienza por ti.

Acepta que todos los que te rodean son producto de tus pensamientos. Aunque no lo parezca ¡son una verdadera bendición en tu vida!

Capítulo 25

EL AMOR

¡Ay, cómo sufrimos por lo que llamamos amor! Creemos que el enamoramiento y la sensación de apego que genera son amor e insistimos en esta creencia, generando interminables desilusiones. Sin embargo, el amor verdadero no puede causar dolor. Por el contrario, el amor puro lo acepta todo y es incondicional. No depende de los acontecimientos ni las circunstancias externas y no se apega al resultado. El amor existe porque sí. Cuando amamos como ama Dios, nuestro corazón canta. No tenemos apegos ni expectativas. El amor verdadero nos libera.

Somos nosotros quienes decidimos que por pasar un buen rato con alguien (placer) estamos enamorados, pero, en realidad, lo que percibimos como amor no es más que enamoramiento puro. Depositamos nuestro corazón en esa persona y, cuando no estamos con ella, nos sentimos incompletos. Literalmente ¡andamos por la vida sin corazón! Perdemos la capacidad de estar presentes en el aquí y ahora y no disfrutamos del momento porque solo podemos concentrarnos en el objeto de nuestro enamoramiento. Nos volvemos ansiosos y perpetuamente infelices. Confundimos el placer con el amor tal como confundimos el dinero con la riqueza. Por nuestro deseo de retener aquello que nos otorga un momento de placer, nos apegamos y quedamos prisioneros en un círculo vicioso de ansiedad constante.

Sin duda, debemos desprogramarnos antes de iniciar una relación. Primero debemos entender que el amor que buscamos no viene del exterior. Nadie puede hacernos felices. En segundo lugar, nadie nos amará más de lo que nos amamos nosotros mismos. Es esencial amarnos y aceptarnos tal como somos. Lo más importante no es lo que piensan los demás de nosotros sino lo que pensamos nosotros de nosotros mismos.

En las relaciones, el éxito depende del desapego. Como afirma el doctor Michael Beckwith: «Si deseas algo, suéltalo». Esto es esencial. Nuestro apego nace de nuestras memorias, programas y creencias. Si decimos que necesitamos a determinada persona en nuestra vida para ser felices, eso es lo que creemos y, por eso, nos apegamos a ella. Este tipo de interacción viene de la sensación de que *necesitamos* a los demás para que nos completen cuando, en realidad, no *necesitamos* nada ni a nadie fuera de nosotros. Ya estamos completos. ¿Alguna vez has notado que disfrutas más de la gente cuando no estás apegado a ella?

Tal vez esto suene complicado, pero soltar los apegos puede ser más fácil de lo que crees. Solo necesitas despertar y entender que tus programas te controlan, haciéndote creer que las circunstancias, personas u objetos te harán feliz. El desapego aporta innumerables recompensas. Te sientes más liviano y feliz e, inmediatamente, comienzas a atraer más amor del que jamás imaginaste.

Considéralo: todo caso de infelicidad, celos o ansiedad es resultado del apego. El desapego nos libera. Y, cuando hablo de desapego, no me refiero a una falta de consideración o responsabilidad. El desapego no es herir sentimientos ajenos. Este malentendido surge de la misma ignorancia que genera nuestra definición del amor. Creemos que debemos ser consecuentes, responsables y dignos de confianza porque «de otro modo la gente no nos amará». En realidad, cuando aceptamos el cien por cien de la responsabilidad y nos amamos verdaderamente, la bondad y la consideración hacia el prójimo nacen de manera natural, porque, cuando nos amamos a nosotros mismos, el amor al prójimo es nuestro estado natural.

Lamentablemente, solemos colocar todo en el mundo exterior. ¿Cuántas veces por día, semana o mes buscas la aprobación y aceptación de los demás? ¿Has notado que, incluso cuando obtienes esta aprobación, tu sensación de bienestar y emoción es solo pasajera? Este tipo de gratificación, de hecho, produce una sensación de vacío cuando se desgasta. Si no nos aceptamos y amamos a nosotros mismos nadie lo hará por nosotros y hasta que lo logremos no encontraremos la felicidad.

A veces saltamos de una relación a la siguiente, repitiendo episodios y atrayendo el mismo tipo de situación una y otra vez. La causa reside en nuestras memorias que continuarán repitiéndose hasta que entendamos que son solo pensamientos sobre nosotros mismos, los demás y las situaciones. Pensamientos que están en nuestros programas. Es por esto que no atraemos a *la pareja perfecta* para nuestro nivel de desarrollo. Una vez que soltamos nuestras memorias, soltamos nuestros programas, juicios, opiniones y expectativas y, entonces, podemos atraer a la relación correcta en el momento apropiado.

Tengo novedades para ti: la relación perfecta será aquella que te muestre lo que necesitas trabajar y soltar.

Desapegarse y soltar nuestras memorias funciona para todo tipo de relación, incluso la de padres e hijos. Cuando aprendemos a soltar, a dar sin expectativa de recibir nada a cambio, a hacer lo que nos nace del corazón sin filtrarlo a través del intelecto, y a ser como somos, nos liberamos y liberamos a los demás de los juicios, las opiniones y los apegos que no permiten relaciones sanas. Cuando soltamos y nos desapegamos, descubrimos que la paz y el amor están en nuestro interior y nos volvemos más pacíficos y amorosos hacia los demás.

El primer paso es la conciencia. Debes darte cuenta de que eres adicto a tus apegos. La conciencia es curativa y entender que tú no eres tu adicción significa un reconocimiento inmediato de que estás más allá de esto y que soltar solo depende de ti. No olvides que las adicciones son también memorias que pueden borrarse. Todo lo que necesitas es aceptar el cien por cien de la responsabilidad y soltar. No es necesario que entiendas por qué o cómo, simplemente dale permiso a Dios para borrar las memorias que ya no te sirven.

Otra manera de comenzar el proceso de soltar tu adicción a ciertas relaciones o a las personas en general es encontrar reemplazos: algo que disfrutas o que te hace sentir bien. La comunión con la naturaleza es un buen ejemplo. Puedes salir a caminar por el parque o por la playa. Este tipo de distracción nos ayuda a conectarnos con nuestra alma y nos permite soltar y hacer la limpieza con mayor facilidad. Participar en actividades que amas solo por la acción misma te ayudará a conectarte con tu yo real. Una vez que estés en ese lugar, naturalmente soltarás lo que no funciona en tu vida.

Hemos confundido al amor con lo que creemos que es el amor —ser halagado, aceptado, aprobado, atendido— pero no nos sentimos plenos ni siquiera cuando obtenemos estas cosas. Recuerda, el amor que buscas te espera dentro de ti. Tu amor verdadero hacia ti mismo le abrirá las puertas al amor del Universo.

Capítulo 26

LA PASIÓN

La pasión es nuestra brújula. Si confiamos en ella y la seguimos, el éxito está garantizado. Lamentablemente, esto suele darnos miedo porque confiar en nuestra pasión es algo extraño, incierto y desconocido.

¿Cuántas veces te han dicho que eres bueno para algo y que deberías estar haciéndolo? A mí me dijeron que era buena para los números y que debería dedicarme a la contabilidad. Lo creí. Me tomó mucho tiempo entender que este no era el camino de mi corazón. Siempre tendemos a hacer lo que nos da seguridad, porque no nos gusta la incertidumbre, pero luego, a pesar de estar ganando dinero, no entendemos por qué no nos sentimos motivados o por qué no somos felices.

¿Sientes a veces que estás caminando sobre una cinta sin fin que no va a ninguna parte? Esta sensación nace de la negación de tu identidad verdadera. Pensamos que los demás saben lo que nos conviene y por eso hacemos lo que nos dicen. Solemos optar por el camino menos doloroso y más fácil y, lamentablemente, nos lleva mucho tiempo darnos cuenta de que sí podemos hacer lo que amamos y disfrutamos, ganando dinero al mismo tiempo. ¡Qué distinto sería el mundo si siguiéramos a nuestro corazón! Cuando nos sentimos satisfechos y plenos, nos volvemos mejores personas y eso afecta positivamente a nuestras familias, a nuestra sociedad y al mundo en general.

¿Por qué algunos tienen más éxito que otros? Tal vez los primeros estén haciendo lo que aman con pasión. Las personas felices crean empresas felices y a la gente le atrae trabajar en lugares felices. Cuando estamos felices estamos en paz y cuando estamos en paz todos están en paz. Las personas apasionadas atraen clientes y oportunidades con gran facilidad.

Nuestros pensamientos son tan poderosos que, cuando decimos que sí podemos, podemos, y cuando decimos que no podemos, no podemos. Pero no creas que puedes controlar a tu mente y evitar las memorias negativas. En realidad, no tenemos idea de todas las memorias y los programas que tocan canciones tristes en el trasfondo de nuestra conciencia. Es por esto que los métodos simples, tales como «piensa positivo», generalmente no funcionan. La única manera de limpiar nuestras memorias es reconocer que las tenemos, aunque no sepamos o no entendamos lo que son, y entregarlas a la Fuente, dando permiso al Universo para borrar aquellas que ya no nos sirven. El Universo siempre espera que demos el primer paso. Los milagros comenzarán a presentarse cuando estés dispuesto a confiar.

Cuando sigues a tu pasión nada puede salir mal porque estás siguiendo a tu corazón. El corazón es sabio y ha estado esperando pacientemente que te despiertes. Cuando haces lo que amas, el dinero viene. Imagina la posibilidad de ganar dinero haciendo algo que te gusta tanto que lo harías gratis.

Cuando haces lo que amas, estás en sincronía con el flujo de la vida. Ese es tu camino natural. Esta sincronía no tiene nada que ver con el pensamiento. Cuando estás en este fluir, no piensas, te dejas llevar por la inspiración. Estás plenamente presente, en la frecuencia cero, libre de juicios, expectativas e ideas preconcebidas sobre cómo deberían ser las cosas. Es cierto. Las personas con dinero no trabajan para obtener dinero. Aman lo que hacen y disfrutan haciéndolo. No lo consideran trabajo y están dispuestas a hacer lo que sea necesario. Esta gente está en sincronía con la vida. Vive en un estado de inspiración.

Cuando permites que la Divinidad te guíe, alcanzas un estado de equilibrio. Recibes ideas y relaciones perfectas en el momento ideal porque una parte del éxito es encontrar al mejor equipo de apoyo. Entiende que no eres perfecto y no tienes por qué serlo. Eres único.

Fuiste creado para hacer algo mejor que ninguna otra persona. Es importante saber que los demás pueden hacer otras cosas que tú no puedes hacer. Trabajar con estos otros te ayudará a avanzar. Así es: en tu vida aparecerán las condiciones, relaciones e ideas correctas cuando te des cuenta de que no sabes nada y aceptes que Dios sabe lo que es correcto y perfecto para ti. Tu pasión, entusiasmo, fe y humildad te mantendrán en sincronía con la vida. Esto funciona para todos. No importa que tengas un diploma universitario o no, ni que tengas dinero o no. Todos nacemos con una pasión. Solo debemos recordar cuál es.

Conócete a ti mismo. Encuentra tu pasión verdadera y síguela a dondequiera que te lleve. En cuanto te des cuenta de que has estado dormido y entiendas que has sido tú quien ha estado bloqueando tu camino con pensamientos tales como: «No hay suficiente para todos», «No me lo merezco», «No valgo lo bastante», automáticamente, estarás en sincronía y tus programas negativos ya no podrán detenerte. Descubrirás que, aunque las circunstancias externas no hayan cambiado mucho, estarás bien. Serás feliz y libre. Estarás en paz.

¡Confía y sigue a tu corazón y a tu pasión!

Sé fiel a ti mismo.

William Shakespeare

Capítulo 27

EL ÉXITO

Muchas veces nos confundimos y tendemos a medir el éxito según nuestras posesiones materiales.

Sin embargo, tendrás muchas más probabilidades de ser feliz y estar en paz si te das cuenta de que el éxito no tiene nada que ver con lo material; el éxito que buscas ya está dentro de ti. De hecho, si no te conectas con tu riqueza interior, no habrá cantidad de dinero suficiente para hacerte feliz.

El éxito tiene que ver con la posibilidad de ser tú mismo y estar feliz y tranquilo sin importar lo que suceda. Recuerda: todo lo que estás buscando está en tu interior.

El verdadero éxito viene de una fuente que no cambia de acuerdo a las circunstancias externas. Es el resultado de saber quién eres y de entender la naturaleza real del Universo. Tu riqueza está en tu esencia: quien eres, los talentos con los que naciste, y tu capacidad de hacer cosas que nadie más puede hacer. Es tu singularidad. Este tipo de claridad respecto al éxito puede aportarte paz.

Cuando estás en frecuencia cero —libre de expectativas, juicios y opiniones— te das cuenta de que ya tienes todo y no necesitas nada. En ese momento, se inicia tu sincronía con el Universo y todo comienza a llegar sin esfuerzo.

Existen muchas memorias y gran cantidad de programas que se repiten constantemente en nuestra mente consciente y subconsciente, y nos dicen, por ejemplo, que no es posible tener éxito y ganar dinero haciendo lo que amamos hacer.

La pasión debe ser tu guía. ¡Sí, por supuesto! Esto requiere CONFIANZA, mucha confianza en lo desconocido. No sabes con certeza hacia dónde vas y confiar en tu corazón puede ser atemorizante, pero los resultados están garantizados.

Ir tras los sueños puede exigir trabajo duro, pero si realmente estás conectado con tu propósito disfrutarás haciéndolo por duro que sea. Hasta pagarías por hacerlo. Para tener éxito debes ser pertinaz y saber en tu corazón que estás dispuesto a hacer lo que sea necesario para alcanzarlo.

Recuerda: la conciencia es curativa. Debemos luchar por ser conscientes y convertirnos en observadores de la vida, sin juicios ni opiniones. Podemos comenzar observando nuestros pensamientos, prestando atención a nuestras acciones y asegurándonos de estar presentes en el ahora. Es muy importante evitar que nuestros viejos programas nos dirijan y controlen; la única manera de lograrlo es reprogramándonos.

Somos un reflejo de aquellos viejos programas que se repiten en nuestro interior. Los demás no son responsables de nuestra realidad. Podemos soltar los programas que ya no nos sirven, aunque ni siquiera sepamos que los tenemos. No necesitamos saber qué programas borrar o dónde están guardados. Solo debemos estar dispuestos a aceptar el cien por cien de la responsabilidad y soltarlos.

¿En qué vas a concentrarte y a quién vas a prestarle atención? ¿Escucharás a quienes te dicen que no es posible? ¿Te dirás que es muy difícil hacerlo y con tu fracaso demostrarás al mundo que tenías razón? Permíteme recordarte que las voces que escuchas en el exterior no están realmente afuera sino que son el simple reflejo de los programas que están funcionando dentro de ti. ¿Estás dispuesto a soltar los pensamientos que ya no te sirven? Ellos te trajeron hasta donde estás hoy, así que dales las gracias y suéltalos. Encontrarás desafíos en el camino hacia tu autodescubrimiento. Dales las gracias, ámalos. Te ayudarán a ir aún más lejos.

A veces necesitarás un pequeño empujón, entonces Dios te enviará a las personas apropiadas en el momento correcto. Simplemente suelta, en vez de resistirte a esos momentos.

Soltar viejas memorias y antiguos programas que se repiten en la mente es esencial para tener éxito. Usa las herramientas de Ho'oponopono para hacer la limpieza. Di *Gracias* a tus programas y dale a Dios permiso para borrarlos. Por ejemplo: tal vez tengas una idea preconcebida sobre lo que necesitas para tener éxito. Esas ideas son memorias que se repiten. Es posible que algunas estén a nivel consciente y otras se estén repitiendo a un volumen muy bajo, en el subconsciente. Ni siquiera sabes que las tienes, pero te *hablan* todo el tiempo. Tal vez ya eres exitoso pero no lo sabes porque jamás te sientes satisfecho y permaneces enfocado en las carencias.

Si estás dispuesto a soltar tus programas, podrás disfrutar de cada paso del camino y entenderás que ya tienes éxito al no ser esclavo de tus propias opiniones y juicios. Libérate, confía y dedícate a lo que amas. Atraerás el éxito de manera mucho más fácil.

EL DINERO

Si deseas dinero, deberás dejar de lado la mentalidad de víctima. Debes dejar de culpar y has de estar dispuesto a aceptar el cien por cien de la responsabilidad. Debes entender que estás a cargo de todo y todo depende de ti. No hay nadie afuera. La mentalidad de víctima no atrae dinero, atrae más pobreza. Somos tan poderosos que, si nos esmeramos solo en sobrevivir, eso es lo que atraemos. Cuando nos quejamos y lanzamos reproches, atraemos más de lo que no deseamos. Actuar como víctimas nos roba nuestro poder.

Por favor, entiende que la riqueza y el dinero no son sinónimos. Somos ricos, sin importar si lo tenemos o no. Tener o no tener dinero no puede *hacerte* feliz o infeliz. El dinero no garantiza la felicidad. Sin embargo, la riqueza te hará feliz y te dará paz. Esto está garantizado y, por suerte, todos nacemos ricos. La riqueza es algo interior y no tiene nada que ver con lo que posees. Es tu conocimiento natural, tus talentos innatos, tu esencia. Naciste con ella.

Nuestras creencias sobre el dinero, por ejemplo, tienen un papel enormemente importante en nuestra relación con la prosperidad. Existen incontables malas interpretaciones sobre el tema. Por ejemplo, en tu opinión ¿qué significa esta cita?: «Es más fácil que un camello pase por el ojo de una aguja que el que un rico entre en el reino de Dios». —San Marcos 10:25

Estoy bastante segura de que no es lo que piensas que es. De hecho, se lo pregunté a mi maestro —Ihaleakalá— y él me dijo que, realmente, significa que no debemos poner al dinero en primer lugar. Siempre hay que dar prioridad a Dios y al amor. Al hacerlo, el dinero vendrá. Eso está garantizado.

Es esencial entender el poder que tienen nuestros pensamientos sobre el dinero. Si crees que tener dinero es inmoral o que la gente que tiene dinero es codiciosa o hizo algo ilegal, el dinero te eludirá porque en tu mente subconsciente crees que es malo y, por lo tanto, no lo quieres. El dinero no tiene nada de malo. Las personas ricas pueden ir al cielo también. Por favor, no te preocupes. Confía. Gana dinero, pero hazlo a la manera de Dios —con amor— y no a tu manera.

En realidad, no tiene nada de negativo tener dinero, mucho dinero. De hecho, puedes generar cambios positivos importantes cuando cuentas con los recursos materiales necesarios. En mi caso, Dios me da más de lo que jamás le pedí o soñé. Generalmente, creo que Dios tiene planes para mí y que yo no los conozco. Gracias a los recursos que Él me ha otorgado, ahora puedo influir positivamente en la vida de mis prójimos y estoy agradecida por ello.

Debo confesar que primero tuve que arriesgarme.

Al confiar y soltar mi lucrativa carrera, llegaron a mi vida recursos desde lugares que nunca hubiera imaginado. El Universo siempre está observando y espera que des el primer paso. Tal vez te dé miedo, pero cuando confías en el proceso, comienzan a ocurrir cosas maravillosas.

Tal vez sea difícil para ti considerarlo de esta manera, pero, si no tienes dinero, probablemente sea porque le tienes miedo, o porque lo has conceptualizado de forma negativa o porque en realidad no lo deseas subconscientemente. Tal vez creas que los demás deben encargarse de ti o tal vez, simplemente, no estés dispuesto a hacer lo necesario para conseguirlo.

Lo he visto muchas veces: personas con problemas económicos se me acercan a pedir trabajo y, no importa qué sugerencias les haga o qué oportunidades les señale, no importa qué puertas abra, ellos no hacen más que decir que no: no por esto o no por aquello. ¡Es increíble!

Si deseas dinero ¡di que sí! Siempre podremos decir que no a la oportunidad. Tal vez no te parezca el camino que deseas tomar ahora, pero es importante decir que SÍ. ¿Por qué razón? Porque, cuando dices que sí, abres puertas y nunca sabes qué o quién puede estar al otro lado para ofrecerte exactamente lo que estás buscando.

Por favor ¡deja de echar la culpa a la economía o a tus padres! Tú eres quien da la espalda a las oportunidades que se presentan. Presta atención al modo en el que inviertes tu tiempo. Las quejas no generan muy buenos dividendos.

Crea algo de valor: un servicio o producto que resuelva un problema o facilite la vida a los demás. Todos nos sentimos muy bien cuando ayudamos a nuestro prójimo y, cuando creamos con amor algo de valor, la gente hace lo imposible por trabajar con nosotros y recomendarnos a los demás.

A la gente le encanta trabajar con personas que aman lo que hacen. Es evidente. ¿No te encanta cuando la gente disfruta al ayudarte, cuando no le molesta hacer lo que sea necesario para ofrecerte un buen servicio? Cuando es así ¿no es más fácil dar tu dinero?

Recuerda: hagas lo que hagas, esmérate al máximo. Las puertas se abrirán donde menos lo esperes, en el momento apropiado y en el lugar correcto.

Cuando te des cuenta de que estás culpando, criticando o juzgando: ¡HAZ LA LIMPIEZA! Entra en acción, confía y, en especial, suelta tu orgullo. No es necesario que sepas todo lo que hay que saber sobre un negocio antes de empezarlo. Mi maestro Ihaleakalá siempre dice que le resulta imposible imaginar que Dios nos haya puesto aquí sin darnos lo que necesitamos.

Suelta tu conciencia de la pobreza que te dice: «Tal vez un día ganaré la lotería». Si no tienes dinero, por lo menos, hazte responsable y di: «Elijo no tener dinero en este momento» y elige estar en paz sin él.

Y finalmente, recuerda: no todos venimos a esta vida a ganar dinero. Todos venimos a aprender y crecer. En el camino podemos contar con todo lo que necesitamos y podemos ser felices y estar en paz con o sin dinero.

Cuando sueltes, Dios podrá trabajar contigo. Él te guiará hacia la meta perfecta. Si estás con Dios, no tendrás de qué preocuparte.

Sigue tu pasión, confía y haz la limpieza —suelta— a lo largo del camino. Descubrirás tu riqueza y cuando lo hagas ¡te llegará tanto dinero que no sabrás qué hacer con él!

Capítulo 29

¿ESTÁS DISPUESTO A HACER LO QUE SEA NECESARIO?

Seguramente contestarás que sí pero, por ejemplo, si no tienes dinero ahora mismo es porque no estás haciendo lo necesario. Y te lo aseguro: no estoy sugiriendo, de ningún modo, que participes en actividades ilícitas, destructivas o peligrosas.

Últimamente, he estado prestando atención a la actitud de la gente que me rodea y se queja por la falta de dinero. Pido perdón por lo que sea que hay en mí que haya creado la situación por la que no tienen dinero. Me hago cien por cien responsable de eso y quisiera compartir lo que he notado: a veces es difícil ver la situación total y no estamos dispuestos a hacer las cosas que no nos gustan o que no disfrutamos. Tampoco estamos dispuestos a trabajar horas extras ni los fines de semana. Sin embargo, si entrevistas a *aquellos que han logrado el éxito* o que, simplemente, tienen una holgada situación económica, sin duda te dirán que hicieron algunos sacrificios para llegar a donde llegaron.

Me gustaría llevarlo un paso más allá: en realidad, cuando ves la totalidad, ni siquiera te parece un *sacrificio* porque no juzgas el aquí y ahora. Tienes una idea clara del lugar al que deseas llegar. Es posible que el proceso requiera mucho esfuerzo, perseverancia y disciplina pero, cuando haces lo que amas, no lo consideras trabajo y, mucho menos, un sacrificio. Incluso, es posible que te veas obligado a hacer cosas que amas menos y que forman parte del paquete, pero aprenderás a amarlas también, cuando entiendas que ellas te permitirán llegar al lugar que deseas.

Tendemos a tener cientos de opiniones y juicios sobre todo. De hecho, aquellos que más se quejan sobre sus fracasos parecen ser los primeros en criticar a los demás. Creen saber exactamente lo que deben hacer los otros y cómo deben hacerlo. Ni se dan cuenta de que todos esos juicios y críticas son, en realidad, los principales obstáculos en su camino.

Muchos nos instalamos en una actitud de gerente. Tal vez nos neguemos a trabajar para otro o no hagamos algo porque «es demasiado difícil». Lo cierto es que vemos al millonario, pero no vemos el compromiso, el esfuerzo y los sacrificios que lo han llevado a alcanzar su meta. ¿Estás dispuesto a trabajar largas horas? ¿A trabajar los fines de semana? ¿A tener una vida social menos activa? ¿A ponerle fin a las relaciones que no aportan nada a tu vida? ¿Sabes una cosa? La mayoría de nosotros no lo está. Sin embargo, estoy dispuesta a apostar que, si les preguntas a quienes viven en la abundancia, te confirmarán que soportaron horarios interminables, fines de semana incluidos, para llegar adonde están y ganar su dinero. Siempre estamos eligiendo. Eres libre de elegir lo que quieras, pero, no te quejes del resultado y deja de juzgar.

Muchas veces nos obsesionamos tanto con lo que no deseamos que, cuando nos ofrecen una oportunidad, estamos demasiado cerrados para ver la posibilidad, las puertas que nos abriría o las personas que conoceríamos gracias a ella. Frecuentemente, ni siquiera estamos dispuestos a considerar los pasos que debemos dar para llegar a donde deseamos llegar. En otras palabras, no estamos dispuestos a hacer lo necesario. Es doloroso verlo, pero, somos nuestros propios verdugos. No podemos echarle la culpa a nadie. Tenemos opiniones y juicios y hablamos de los demás. Somos expertos en lo que deben hacer y decir y, sin embargo, pasamos muy poco tiempo mirándonos en el espejo.

Es imprescindible dejar de buscar lo negativo en todo lo que se presenta y detener las excusas y los obstáculos que creamos con tanta habilidad. Esto no tiene nada que ver con el pensamiento positivo. El problema es que estamos tan cerca del problema que no podemos ver la totalidad y, para colmo ¡creemos que lo sabemos todo!

Debemos entregarnos plenamente.

Tal vez te parezca que estás trabajando muy duro ya, pero eso no es entregarse plenamente. El compromiso es esencial. Tener dinero implica ser *valiente*, expandirte más allá de tu zona de confort y hacer lo que sea necesario para obtener lo que tu corazón anhela (no lo que tu intelecto anhela). Esto significa dar el cien por cien de ti mismo, sin malas actitudes y confiando de corazón en que lo vas a lograr. La clave está en hacer lo que amas con cien por cien de responsabilidad y cien por cien de compromiso.

Debes estar dispuesto a hacer algunos sacrificios, tal vez, a trabajar duro pero, sobre todo, a seguir a tu corazón. Él sabe más y es capaz de ver la totalidad y puede ayudarte a estar en el lugar correcto en el momento apropiado.

Tal vez sea difícil dejar de juzgar y mirar la totalidad cuando nos han enseñado desde la infancia a desmenuzar la realidad, analizarla y decidir si es buena o mala. Por suerte, Ho'oponopono nos ofrece excelentes herramientas para cambiar nuestras vidas y dejar de hacerlo. Este antiguo arte hawaiano de resolución de problemas nos enseña que la parte de nosotros que sabe —entiende la totalidad— está, simplemente, esperando que le demos permiso para traernos las oportunidades correctas.

Debes estar dispuesto a hacer la limpieza con las oportunidades que se presentan en tu vida. Anímate a estar abierto. Deja de pelear, de encontrar excusas y de tener el NO a flor de piel. Por favor, deshazte de tus opiniones y juicios y verás que se abrirán puertas cuando menos lo esperes.

Tal vez necesites sentirte incómodo varias veces antes de que la incomodidad, finalmente, te obligue a despertar, cambiar de actitud y alcanzar resultados asombrosos. Sea como sea, un día te hartarás y estarás dispuesto a soltar todo lo que creías ser. Tal vez esto te asuste un poco porque se asemeja a la muerte. Tu falsa identidad presente y tu falso sentido de la realidad deben morir para que puedas convertirte en tu verdadero yo. Imagina qué tragedia: ¡algunas personas mueren sin descubrir jamás quienes son en realidad!

Anímate a vivir la vida como lo hace un ciego. Desarrolla todos tus sentidos. Presta atención a las cosas importantes. Mira la vida a través de un par de ojos nuevos. Si lo haces, la sentirás de una manera completamente diferente, una manera que ni siquiera habías imaginado. Suelta lo que sabes y juega con la vida. Atrévete a expandirte más allá de tus límites. Anímate, siente el temor y hazlo de todos modos. Pero, por sobre todas las cosas... ¡debes estar dispuesto a hacer lo que sea necesario!

BIBLIOGRAFÍA

THE FOUNDATION OF I, INC. (Freedom Of the Cosmos). Volcano, Hawai. Herramientas, material e información usadas con permiso sobre el arte hawaiano de Ho'oponopono explicadas a través de los seminarios: Nuestra identidad a través de Ho'oponopono *Self-Identity through Ho'oponopono.* www.self-i-dentity-through-hooponopono.org

Extractos de *Un Ataque de Lucidez* │ Un viaje personal hacia la superación, por Jill Bolte Taylor, Ph.D. │ Copyright Jill Bolte Taylor, 2006 │ Trademark de My Stroke of Insight, Inc. (Publicado en castellano por Debate).

Extractos de *The Way to Love: The Last Meditations of Anthony De Mello*, de Anthony De Mello │ Publicado por Doubleday Copyright 1991 de Gujarat Sahitya Prakash of Anand, India Introducción copyright 1992 de J. Francis Stroud

Extractos de *A Return To Love: Reflections on the Principles of A Course in Miracles* │ De Marianne Williamson │ First HarperPerennial edición publicada en 1993. Reemisión en 1996 │ Copyright 1992 de Marianne Williamson. (Publicado en castellano por Books4pocket con el título *Volver al amor*).

ACERCA DE LA AUTORA

Mabel Katz no solo inspira cambio itambién cambiará tu vida para siempre!

Mabel Katz es una autora, oradora internacionalmente aclamada, embajadora de la paz mundial y creadora de *Zero Frequency*®, un método de vida que ayuda a los niños y adolescentes, así como a sus padres y maestros a descubrir la paz y felicidad al hallar sus talentos interiores y dones innatos.

Mabel es considerada en el mundo como la autoridad principal de **Ho'oponopono**, el antiguo arte hawaiano para alcanzar la felicidad, la paz y la abundancia. Ella viaja globalmente y ayuda a infinidad de personas a encontrar paz interior y una mayor realización en sus vidas.

En el núcleo de sus enseñanzas de *Zero Frequency*®
se encuentra su creencia en el 100% de la responsabilidad, el perdón y la gratitud. Sus solicitados seminarios y talleres ofrecen maneras prácticas para que los
niños y sus tutores puedan alcanzar *Zero Frequency*®, estado en el que nos liberamos de memorias restrictivas
y de creencias limitantes. *«Si vamos a preparar a nuestros
hijos para el desafiante futuro que les espera»*, dice Mabel,
*«debemos comenzar a enseñarles cómo vivir una vida feliz,
productiva y plena, y ayudarles a conectarse con quienes ellos
son en realidad»*.

La honraron con la prestigiosa Bandera de la Paz
2012 Mil Milenios de Paz, en reconocimiento a su
iniciativa de paz mundial, ***Paz interior ES paz mundial,*** fue oficialmente nombrada una de las embaja-
doras preeminentes, y el 1 de enero del 2015 recibió
el prestigioso *Public Peace Prize (Premio del Público por la
Paz)* como Tejedora de Paz.

Tiene participaciones frecuentes frente a sena-
dos nacionales y otros organismos gubernamentales
influyentes, a partir del lanzamiento de su campaña
mundial de la paz ***La paz comienza CONMIGO,*** que
ha hecho permanente por ser parte de su misión. ***Paz
interior ES paz mundial,*** en las Naciones Unidas en
Viena. En el 2013 fue reconocida por sus obras hu-
manitarias, cuando la venerable *Order of the Orthodox
Knights Hospitaller of St. John – Russian Grand Priory*
(Orden Ortodoxa Hospitalaria de San Juan - Gran

Priorato Ruso) le otorgó el título de *«Dama»* Mabel Katz.

Mabel ha escrito varios libros, que se han traducido a más de 20 idiomas.

Cuando no está frente al público en la impartición de talleres alrededor del mundo, Mabel comparte su sello original de conciencia con prisioneros, niños con necesidades especiales y docenas de empresas que buscan alcanzar su potencial a través de una auto-conciencia profunda.

Para conocer más acerca de los programas transformacionales Zero Frequency® dirigidos para niños, padres y educadores, informarse sobre su agenda completa de talleres, seminarios y conferencias, o para ordenar sus libros, puede ponerse en contacto con ella en:

El Camino Más Fácil a la Paz, la Felicidad y la Abundancia

P.O. Box 427 - Woodland Hills, CA 91365
Teléfono/Fax: (818) 668-2085
support@mabelkatz.com | *www.MabelKatz.com*

RECURSOS DE PAZ Y HO'OPONOPONO

Por Mabel Katz

Los libros de Mabel

www.MabelKatz.com/libros

Descubre más sobre cómo soltar el pasado, vivir en el presente y cambiar tu vida para siempre. Mira los libros de Mabel, *El camino más fácil*, *El camino más fácil para vivir*, *Mis reflexiones sobre Ho'oponopono* y el primer libro de Ho'oponopono para niños, *El camino más fácil para crecer*.

Sitio oficial de Mabel Katz

www.ElCaminoMasFacil.com

Información sobre Mabel Katz, calendario de eventos, audios y videos gratis, y productos únicos. Suscríbete gratis a las noticias de Ho'oponopono de Mabel y recibe 5 bonos que Mabel preparó para ti completamente gratis.

Zero Frequency® de Mabel Katz

www.ZeroFrequency.info

Zero Frequency® es tu Estado Natural. La frecuencia perfecta, sin estática ni malas conexiones, sin memorias, sin programación, sin juicios, sin opiniones, sin luchas, sin temores; solo inspiración pura. En cero descubres tu verdadera identidad —conocer tu verdadera identidad es la clave para encontrar tu paraíso.

Programa de afiliados

http://www.ElCaminoMasFacil.com/afiliados

Regístrate como afiliado y permítenos recompensarte por hacer lo que ya estás haciendo, compartir con los demás acerca de *El camino más fácil*.

Foro privado de Ho'oponopono

www.Hooponopono-Espanol.com

El apoyo sagrado de Ho'oponopono nos ha mostrado que mantiene a nuestros miembros en esa sintonía perfecta de la limpieza a través de la Salud, Soledad, Abundancia y Felicidad.

Cuando te comprometes a recibir apoyo consistente, recibes resultados consistentes. Como Miembro de la comunidad Sagrada de Ho'oponopono, obtienes recursos semanales y una Comunidad que te recuerda cómo mantenerte Presente y Soltar.

Campaña mundial de paz – La paz comienza conmigo

www.PazinteriorESpazmundial.com

«Paz interior ES paz mundial» es el tema que conectará a la gente de todo el mundo que se pronunciará a favor de la paz y afirmará: «¡La paz comienza conmigo!».

El mensaje es claro: es tiempo de unirnos a escala global para crear paz interior y de ese modo difundir paz en el mundo.

¡Emprende la acción y únete a nosotros! Juntos podemos marcar la diferencia.

Asegúrate de registrarte en la Newsletter de Paz y descubre cómo puedes difundir la paz en el mundo.

Encuentra productos de paz aquí:

www.PazinteriorESpazmundial.com/difunde-paz-mundial

Imagina... Reconstruyendo tu vida en 40 días y 40 noches

www.ElCaminoMasFacil.com/40dias

Mabel te invita a un viaje maravilloso de inspiración y te apoya para que encuentres la forma de salir del «desierto de tu mente» hacia las «tierras fértiles» de todas las posibilidades. Si inviertes solo diez minutos por la mañana y diez minutos por la noche mejorarás cuarenta partes de tu vida.

Recursos GRATIS en español sobre Ho'oponopono

www.ElCaminoMasFacil.com/recursos

Información sobre Mabel Katz, calendario de eventos, audios, vídeos y recursos únicos.

Blog de Mabel, testimonios e historias sobre Ho'oponopono

www.Hooponopono-Espanol.com/blog

Lee los últimos posts de Mabel en su blog, artículos y más. Comparte tu historia en relación con el Ho'oponopono y deja un comentario.

Páginas oficiales de Mabel Katz

www.ElCaminoMasFacil.com

www.Hooponopono-Espanol.com

www.PazinteriorESpazmundial.com

www.ZeroFrequency.info

¡Recibe inspiración diaria en las redes sociales!

Sigue a Mabel en Instagram:
www.instagram.com/MabelKatz

Sigue a Mabel en Twitter:
www.twitter.com/MabelKatz

Sigue a Mabel en Facebook :
www.facebook.com/MabelKatzFanPage

Sigue a Mabel en YouTube:
www.youtube.com/MabelKatz

Déjanos tu testimonio en support@mabelkatz.com

A Mabel le encantará leer tu testimonio de cómo ella y Ho'oponopono han cambiado tu vida.

Para invitar a la autora

Mabel Katz presenta charlas y seminarios alrededor del mundo, en español y en inglés. Ella comparte la información y técnicas detalladas en *El camino más fácil* y los milagros que ella experimenta en su vida diaria como madre, contadora, coordinadora de eventos y negociadora de contratos, cuando ella utiliza estas herramientas simples y efectivas para la resolución de problemas.

¡La vida es un trabajo interior y es mucho más fácil si la observamos y nos echamos a un lado de nuestro propio camino!

Mabel Katz

Para información sobre charlas y seminarios, para ordenar libros y para invitar a Mabel a dar conferencias o clases, contactar a:

Your Business Inc.
P.O. Box 427
Woodland Hills, CA 91365
Teléfono/Fax: (818) 668-2085
support@mabelkatz.com
www.ElCaminoMasFacil.com
www.PazinteriorESpazmundial.com
www.ZeroFrequency.info